とおかゆ

日本、台湾、韓国 etc.

365日

お粥研究家 鈴木かゆ

身も心も
おかゆで
ととのう
わたし

2020年のある朝、はじめて生米からおかゆを作りました。お米を洗って、お鍋に水を入れて、火にかけて。20分くらい煮込んで、炊き立てのごはんのような甘い香りに包まれたとき、突然ボロボロと涙が出てきました。そのときは言葉にできなかったけれど、「今、自分を大事にしている」と感じたのだと思います。その日から毎朝おかゆを食べるようになりました。

わたしはいわゆる「セルフケア」が大の苦手で、風邪をひいてから不摂生に気づき、怪我が続いてから自分の疲れに気づくタイプでした。昔から何かに夢中になると食事や睡眠は後回し。かと思えば、三食同じものを食べ続けたり、気に入ったラーメン屋さんに一週間続けて通ったりと、食生活もとにかく極端。

ところが、毎朝おかゆを続けるうちに、すごいことが起きました。疲れが自覚できるようになったのです！しかも「前触れ」のうちに！気分の落ち込みの「気配」も、肌が荒れそうな「予感」も！

その理由は、毎朝自分に「どんなおかゆが食べたい？」と問い続けたから。検索をすれば、その季節に食べるべき食材や、年代に応じた摂るべき栄養素は、いくらでも説明されています。でも、セルフケアができなかったころも知識はあったのに、自分にやさしくする方法がわかりませんでした。わたしに足りないのは、知識ではなくて、自分の身体感覚をとらえる力でした。

食べたいものに気づき、それを満たすということは、自分に目を向けて、自分をいたわることです。まさに、セルフケア。自分で自分をととのえる力！

しょっぱいものも、甘いものも受け入れてくれる「おかゆ」という料理は、自

分をととのえる試行錯誤にぴったりの料理です。何より、おいしい。そして、やさしい。

この本はわたしが4年間で作った1000以上のおかゆの中から、特に「ととのったー！」と感じたおかゆを選びました。季節は参考程度に「あ〜、なんかこれ食べたいな〜」というフワッとした感覚を大事にしてください。たとえば今が夏なのに冬のおかゆに惹かれたら、身体の芯は冷えているのかもしれません。台湾、韓国などアジアをはじめとする世界のおかゆの知恵も取り入れました。もし、湿度の高い国のおかゆに強く惹かれたら、ほてりがあるのかもしれません。

そして、レシピをもとにいくつか作っていただくと、作り方にパターンがあることに気づくはず。だんだんと「あれ？ おかゆって、レシピいらなくない？」と思ったら、大正解！ おかゆはとてもかんたんなのです。ぜひ、おみそ汁のように、なんとなくで作ってみてください。自分の身体がいちばん喜ぶおかゆに出合えるはずです。

おかゆは多くの人にとってはじめての食べ物です。そして、老いて、人生の最後に食べるものである可能性も高い料理。病めるとき、健やかなるときも、おかゆはいつでも受け入れてくれます。

自分を大事にしたくなったら、おかゆを作ってみませんか？

「よし、ととのった！」という感覚が、「うん、今日もわたしは大丈夫！」という手応えとなりますように。

2024年7月吉日　お粥研究家　鈴木かゆ

CONTENTS

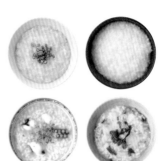

デザイン　狩野聡子（tri）
撮影（カバー、表紙、P3、12〜17）　中本浩平
DTP　キャップス
校正　麦秋アートセンター
編集協力　細川潤子
編集　包山奈保美（KADOKAWA）

8月

9月

9月

CONTENTS

10月

10月

11月

失敗しない作り方を知りましょう！

基本のおかゆ

おいしく作る5つのコツ

①　鍋に米、水を入れたら平らにならす　炊きムラ防止

火が均一にあたるようにする。

②　ガス火と鍋底の中央をきちんと合わせる　炊きムラ防止

コンロに鍋をずらしてのせるのはNG。

③　沸騰してきたら鍋底から米粒をはがすように混ぜる

炊き始めに米がくっつかないようはがしておく。　焦げつき防止

④　煮込んでいるときは鍋に菜箸を渡してふたをする

火加減は弱すぎても強すぎてもダメ。ふつふつと波打つ　吹きこぼれ防止
程度の表面になるよう、鍋の中をよく見て判断。コンロ・
鍋の種類や食材、さらに空気の流れなどでも火加減が変
わることがあるので注意。煮込んでいる間はふたを開け
たり混ぜたりしないこと。

⑤　ふたをピチッと閉めて蒸らす　ふっくら効果

5分蒸らすとふっくらおいしくなる。

5 鍋底から米粒を はがすように混ぜる

白い泡がいったん集まってひとつになり、その後ぽこぽこと割れてきたら、鍋底から米粒をはがすように玉じゃくしでゆっくり混ぜる。

6 鍋に菜箸を渡し、 ふたをして煮込む

ふつふつと波打つ程度の弱～中火で30分煮込む。

POINT ふつふつした状態の表面を保つよう、よく見て火加減を。

7 塩を加え、味をととのえる

塩味は薄めにつけるとよい。

8 全体をゆっくり混ぜて 火を止め、 ふたをして5分蒸らす

ふたはピチッと閉めて蒸らす。

白粥

材料 茶碗2杯分

米 … ½合（約75g）　水 … 700㎖
塩 … 小さじ⅓

作り方

1 米を洗う

手でサラサラと混ぜるように洗う。濁った水が薄くなるまで3回ほど水を取り替えながら洗い、ざるに上げて水気をきる。

POINT ぬかくさくなるので手早く洗うこと!

2 鍋に米と水を入れる

米は水気をきって加える。浸水はしなくてよい。

3 米をならす

鍋底に均一に火を当てるために、鍋をそっと揺すり、米をかたよりのないよう平らにならす。

POINT 手でならしてもOK。

4 ふたをせずに中～強火にかける

ふつふつと沸くまで火にかける。炊きムラがないよう火の中心と鍋底の中心はきちんと合わせる。

POINT 火が鍋底に当たる程度の中～強火で。

3 お茶パックを取り出す

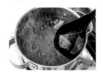

お茶の色が濃い目に出たらお茶パックを取り出す。

4 ふたをせずに中〜強火で 10〜15分ほど煮る

ぐるんぐるんと米を対流で躍らせながら煮込む。

5 真ん中の白いアクを さっとすくい取る

鍋の周りのアクは取らなくても大丈夫。

6 塩で味をととのえる

ふたつまみほどの塩を加える。

7 全体をゆっくりと混ぜ、 火を止める

玉じゃくしでかき混ぜる。

8 蒸らしは好みで。ふたをして5分

ふたはピチッと閉めて5分蒸らす。

＊おすすめトッピングは、梅干し、塩昆布、漬物、みそなど。

茶粥

材料　茶碗2〜3杯分

米 … ½合（約75g）
水 … 1000ml
ほうじ茶パック（ティーバッグでも可）
　 … 1〜2個
塩 … 小さじ⅓

作り方

1 水を沸騰させ、米を入れる

深さのある鍋に水を入れて強火にかけ、沸騰したら洗って水気をきった米を入れる。

2 お茶パックを加えて沸騰させる

強火のまま沸騰させて煮出す。

2 牛乳を加える

常温に置いた牛乳を加える。

3 全体をゆっくり混ぜたら、一度強火にする

混ぜてから火を強める。

4 再び鍋に菜箸を渡し、ふたをして煮る

表面がふつふつしてきたら、再び鍋に菜箸を渡し、ふたをしてごく弱～弱火で10分煮る。

5 さっと膜をすくい取る

牛乳、豆乳などは膜ができるので、菜箸などで取り除く。

6 塩で味をととのえる

塩味はしっかりつける。

7 全体をゆっくり混ぜ、火を止めてふたをして5分蒸らす

ふたはピチッと閉めて蒸らす。

＊おすすめトッピングは、黒こしょう、パセリ、粉チーズ、いくら、鮭フレークなど。

ミルク粥

材料 　茶碗2杯分

牛乳 … 300mℓ 　　　水 … 500mℓ
米 … ½合（約75g）　塩 … 小さじ1

＊牛乳は豆乳（無調整）に置き換えても。牛乳くらいのとろみに薄めれば、同じ作り方でOKです。

作り方

1 鍋に米、水を入れて煮込む （白粥の作り方1～6まで同様。ただし煮込む時間は20分）

 →

深さのある鍋に洗った米、水を入れ、ふたをせずに鍋を中火にかける。沸騰してきたら鍋底から米粒をはがすように玉じゃくしで混ぜ、鍋に菜箸を渡し、ふたをしてふつふつと波打つ程度の弱～中火で、20分煮込む。

たまご粥

作り方

1〜7 白粥の作り方1〜7（P13参照）の
工程と同様に作る。

8 鍋底から玉じゃくしで
ゆっくり混ぜる

このとき、少し緩めの白
粥になっているよう水の
量を調節するとよい。

9 卵はカラザを取り除き、
よく溶く

菜箸などでカラザを取り、
白身を切るように混ぜる。

10 一度中火にして、
溶き卵を回し入れる

火が弱いとかたまりにく
いので、火を強めてから
加える。

11 その状態で10秒待つ

触らず、そのまま放置す
る。

12 ふわっと全体を混ぜて火を止め、
ふたをして5分蒸らす

ふたはピチッと閉めて蒸
らす。

材料　茶碗2杯分

卵 … 1個
米 … ½合（約75g）
水 … 750〜800㎖
塩 … 小さじ½

中華風粥 などの下ごしらえ

油とお米を一緒に煮込むと、鍋の温度が上がり
米粒が開きやすくなります。また、おかゆが乳
化するため、とろっとした口当たりに仕上がる
のも特徴です。米に油を絡めてから水を加えて
煮込みます。土鍋は割れることがあるのでNG。

 →

洗ってざるに上げた
米を鍋に入れ、油を
加える。

よく混ぜて、米に油
を絡ませる。

愛用している道具と器

これがあればOK!
おかゆ作りに活躍する道具

お米を洗うボウルと水きりのざる。ある程度深さがある、厚手の鍋。そして吹きこぼれ防止に鍋に渡す菜箸、おかゆをかき混ぜる玉じゃくし。上手に作るための道具たちです。

気分を上げてくれる
お気に入りのおかゆ用食器

旅行先や雑貨店などで目についた器や箸置きを購入。その日の気分やメニューによって替えています。スプーンは金属のものより、あたりのやわらかい木のものがおすすめ。

この本の使い方

〈火加減〉ガスコンロや鍋の種類、さらに使う食材やコンロ周りの空気の流れなどによっても加熱具合に差が出るので、鍋の様子をよく見ながら火加減、加熱時間を調整しましょう。
〈計量〉大さじ1＝15㎖、小さじ1＝5㎖。調味料のひとつまみは親指、人差し指、中指でつまんだ量、小さじ⅓は約ふたつまみです。
〈材料〉基本的に皮をむいて調理する野菜は、レシピ中で皮をむく工程を省いています。
塩は味がまろやかな自然塩を使用しています。

〈鍋〉深さのある厚手の鍋がおすすめです。薄いと温度が上がりやすいので厚手のものを。特にミルク粥や茶粥など調理の過程で吹きこぼれやすいおかゆについては、深さのある鍋を使ってください。土鍋は浅いので吹きこぼれしやすく、上級者向けです。また、油を使うレシピでは土鍋は避けてください。
〈米〉基本的に米は洗ってざるに上げ、水気をきったものを使用。浸水は不要です。米の品種は好みのものを。
〈電子レンジ〉600Wでの加熱が基準です。500Wの場合は1.2倍に、1000Wの場合は0.6倍の加熱時間に換算してください。
〈外国粥の読み方〉現地と違う場合もあります。ルビは編集部。

作り方

1. 鍋によく洗った米と水を入れる。

2. ふつふつと沸くまで、ふたをせずに中〜強火にかける。

3. 沸騰してきたら、鍋底から米粒をはがすように玉じゃくしでゆっくり混ぜる。鍋に菜箸を渡し、ふたをしてふつふつと波打つ程度の弱〜中火で30分煮込む。

4. 塩を加え、味をととのえる。鍋全体をゆっくり混ぜて火を止め、ふたをして5分蒸らし、器に盛る。

POINT 鍋に箸をかませることで吹きこぼれにくくなる。

材料　茶碗2杯分

米 … ½合（約75g）
水 … 700㎖
塩 … 小さじ⅓

COLUMN

**ウェルカムおかゆワールド！
シンプルで奥深い世界へ**

おかゆは究極にシンプルな料理です。基本の材料は、米、水、塩の3つだけ。シンプルだからこそ、食材の分量や種類（品種）、手順を変えるだけでも大きな違いを感じます。
ちなみに、今のわたしのベスト白粥は「ゆめぴりか」「温泉水」「海の精（塩）」の組み合わせ。作る鍋でも照りの出方が変わります。土鍋よりも、厚いステンレス鍋のとろみのほうがわたし好みでした。
おかゆに「正解」はありません。ウェルカムおかゆワールド！自分の感覚を信じて、味のゆらぎと、試行錯誤をたのしんでください！

お正月を厳かに華やかに

金箔のせ白粥

材料 茶碗2杯分

米 … ½合(約75g)
水 … 700㎖
塩 … 小さじ⅓
食用金箔(金の舞/市販品) … 適量

作り方

1 鍋によく洗った米と水を入れる。

2 沸騰するまでふたをせずに中〜強火にかける。

3 沸騰してきたら、鍋底から米粒をはがすように玉じゃくしでゆっくり混ぜる。鍋に菜箸を渡し、ふたをしてふつふつと波打つ程度の弱〜中火で30分煮込む。

4 塩を加え、味をととのえる。鍋全体をゆっくり混ぜて火を止め、ふたをして5分蒸らす。

5 器に盛り金箔をふわっと飾る。

ごちそう疲れに練り梅をプラス

白&梅の紅白粥

材料 茶碗1杯分

白粥 … 茶碗1杯分
＊作り方はP13参照
練り梅 … 小さじ1〜
〈トッピング〉
| 白いりごま … 少々

作り方

1 白粥を温め、器を傾けて白粥の半量を盛る。

2 残りの白粥に練り梅を混ぜ込み、器の残った部分に盛る。

3 ごまをふる。

1/4

おせちの残りも縁起物!?

にんじん粥

材料 茶碗2杯分

にんじん（おせちの煮しめの　水 … 750㎖
　残り）… 100〜200g　　　塩 … 小さじ⅓
米 … ½合（約75g）

作り方

1 にんじんは食べやすい大きさに切り、厚手の鍋に、洗った米、水とともに入れる。

2 かたよりがないようにならして、ふつふつと沸くまでふたをせずに中〜強火にかける。

3 沸騰してきたら、鍋底から米粒をはがすように玉じゃくしでゆっくり混ぜる。鍋に菜箸を渡し、ふたをして、ふつふつと波打つ程度の弱〜中火で30分煮込む。

4 さっとアクをすくい取り、塩で味をととのえる。鍋全体をゆっくり混ぜて火を止める。ふたをして5分蒸らし、器に盛り、型抜きしたにんじんの残りをのせる。

＊お好みでねぎだれ（長ねぎのみじん切りと白ごま、ごま油、塩、こしょう各適宜を混ぜたもの）などのたれを添えて。

1/5

インドの養生粥と日本の知恵の融合

七草キチュリ（Khichdi）

材料 茶碗2〜3杯分

〈おかゆ〉
　バスマティ米（または日本米）… 80g
　イエロームングダール … 40g
　七草セット（市販品）… ½パック
　水 … 600㎖
　ターメリックパウダー … 小さじ½
　塩 … 小さじ½
〈スパイスオイル〉
　ギー（またはバター、オリーブオイル）
　　… 大さじ1
　クミンシード … 小さじ1
　にんにくのみじん切り … 1片分
　黒こしょう … 少々
〈トッピング〉
　七草（ゆでたもの）… 適量

作り方

1 米、イエロームングはさっと洗い、鍋に入れる。水を加え、30分ほど浸しておく。

2 ふたをせずに中火にかける。沸騰してきたら、弱火にする。ターメリック、塩を入れ、ゆっくりかき混ぜる。鍋に菜箸を渡し、ふたをして弱火で30分煮込む。

POINT 途中で水分が足りなくなったら水（分量外）を足す。

3 おかゆがやわらかくなってきたら、スパイスオイルを作る。別の鍋にスパイスオイルの材料を入れ、香りが立つまで弱火にかける。

4 スパイスオイルをおかゆの鍋に加え、混ぜ込む。味をみて塩（分量外）でととのえる。器に盛って、ゆでた好みの七草をのせる。

＊イエロームングダールはムング豆（緑豆）の皮をむいて半割にしたもの。インド料理でよく使われます。洗ってそのまま調理できます。

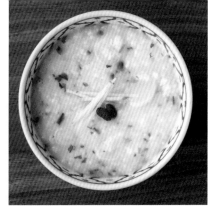

ごま油香る 七草アジアン粥

材料 茶碗2~3杯分

七草セット（市販品）… ½パック
米 … ½合（約75g）
おろししょうが … 小さじ1
ごま油 … 小さじ1
だし汁（鶏や牛）… 1000mℓ
塩 … 小さじ½~
〈トッピング〉
　クコの実（水でもどしたもの）… 適量
　しょうがのせん切り … 適量

作り方

1 七草のすずな（かぶ）は1cm角に、すずしろ（大根）は3mmほどの薄切りにする。その他の七草は細かく刻んでおく。

2 鍋に洗った米、おろししょうがを入れ、ごま油を絡める。

3 だし汁を加え、かたよりがないようにならして、ふたをせずに中~強火にかける。

4 沸騰してきたら、鍋底から米粒をはがすように玉じゃくしでゆっくり混ぜる。対流を起こし続けながら中火で40分煮込む。残り5分ほどのとき、七草を加える。

POINT かさが減ってきたら差し湯（分量外）をする。

5 差し湯の量を調整しながら好みのとろみ感に仕上げる。塩で味をととのえる。鍋全体をゆっくり混ぜて火を止め、器に盛り、クコの実、しょうがをのせる。

桜を添えて風流に 桜七草粥

材料 茶碗2杯分

七草セット（市販品）… ½~1パック
米 … ½合（約75g）
水 … 700mℓ
塩 … 小さじ⅓
桜の塩漬け … 2枝

＊桜の塩漬けは塩抜きをして使います。さっと流水で洗い、10分程度水に浸けて。
＊スーパーで入手できる「七草セット」を使ったレシピ。摘んだ野草を利用する場合は、調理法が異なるので注意してください。⅕・⅙・⅛も同様。

作り方

1 七草のすずな（かぶ）は1cm角に、すずしろ（大根）は3mmほどの薄切りにする。そのほかの七草は細かく刻んでおく。鍋に洗った米、水を入れる。

2 ふたをせずに中火にかけ、沸騰してきたら、鍋底から米粒をはがすように玉じゃくしでゆっくり混ぜる。鍋に菜箸を渡し、ふたをして弱火で25分煮込む。

3 七草を加え、再び菜箸を渡してふたをして、さらに5分煮る。

4 さっとアクをすくい取り、塩で味をととのえる。鍋全体をゆっくり混ぜて火を止め、ふたをして5分蒸らして器に盛り、桜の塩漬けを飾る。

七草の青みをよもぎに見立てて

草餅風七草粥

材料 茶碗2杯分

七草セット（市販品）… ½〜1パック
米 … ½合（約75g）
水 … 700㎖
塩 … 小さじ⅓
〈トッピング〉
| あんこ（またはゆで小豆）、
| きなこ … 適量

作り方

1 七草の下ごしらえをする。すずな（かぶ）は1cm角に切り、すずしろ（大根）は3mmほどの薄切りに、その他の七草は細かく刻む。

2 鍋によく洗った米、水を入れ、ふたをせずに中〜強火にかける。

3 沸騰してきたら、鍋底から米粒をはがすように玉じゃくしでゆっくり混ぜる。鍋に菜箸を渡し、ふたをして、ふつふつと波打つ程度の弱〜中火で25分煮込む。

4 下ごしらえをした七草をすべて鍋に入れる。再び菜箸を渡し、ふたをして、5分煮る。

5 さっとアクをすくい取り、塩で味をととのえる。鍋全体をゆっくり混ぜて火を止め、ふたをして5分蒸らす。

6 器に盛り、あんこ、きなこをのせる。

巡りアップで冷え＆こり解消

根っこごとせり粥

作り方

1 せりを葉、茎、根に分け、茎は刻み根は裂くようにばらす。

2 鍋によく洗った米、せりの根、水を入れ、ふたをせずに中火にかける。

3 沸騰してきたら、鍋底から米粒をはがすように玉じゃくしでゆっくり混ぜる。鍋に菜箸を渡し、ふたをして弱火で30分煮込む。

4 アクをすくい取り、塩で味をととのえる。鍋全体をゆっくり混ぜて火を止め、せりの茎をおかゆの上に置く。ふたをして5分蒸らす。

5 器に盛り、のりの佃煮を添えせりの葉を飾る。

材料 茶碗2杯分

せり … ¼〜½束　　塩 … 小さじ½
米 … ½合（約75g）　〈トッピング〉
水 … 700㎖　　　| のりの佃煮 … 適宜

＊スーパーで購入した、生食ができるせりを使用。自生のせりを使った「せり粥」とは調理方法が異なるので注意してください。

酒粕芋粥

新酒の酒粕で肌ツヤUP

（ 作り方 ）

1. さつまいもは乱切りにする。酒粕は少量の湯（分量外）で溶かす。

2. 鍋によく洗った米、さつまいも、水を入れ、ふたをせずに中火にかける。

3. 沸騰してきたら、鍋底から米粒をはがすように玉じゃくしでゆっくり混ぜる。鍋に菜箸を渡し、ふたをして弱火で30分煮込む。

4. さっとアクをすくい取り、クリーム状にした酒粕を加えておかゆに混ぜ込む。

5. 塩で味をととのえ、全体を混ぜたら火を止める。ふたをして5分蒸らし、器に盛る。好みで塩昆布をのせる。

（ 材料 ）　茶碗2杯分

さつまいも … 小1本	塩 … 小さじ½～
酒粕 … 40g	〈トッピング〉
米 … ½合（約75g）	｜塩昆布 … 適宜
水 … 700㎖	

＊酒粕にはアルコールが含まれています。

（ 材料 ）　茶碗2杯分

卵豆腐 … 1個（90g）
米 … ½合（約75g）
水 … 700㎖
塩 … 小さじ⅓
卵豆腐のたれ … 適宜
〈トッピング〉
｜菜の花 … 適量
｜白いりごま … 適宜

（ 作り方 ）

1. 卵豆腐は冷蔵庫から出して常温に置く。菜の花はさっとゆでる。

2. 鍋によく洗った米、水を入れてふたをせずに中火にかける。

3. 沸騰してきたら、鍋底から米粒をはがすように玉じゃくしでゆっくり混ぜる。鍋に菜箸を渡し、ふたをして弱火で25分煮込む。

卵豆腐粥

ふるふる豆腐で温まる

4. 卵豆腐を加え、再び菜箸を渡してふたをし、さらに弱火で5分煮る。

5. 玉じゃくしで卵豆腐を崩すように混ぜる。塩で味をととのえ、火を止め、ふたをして5分蒸らす。

6. 器に盛り、菜の花を飾って好みでごまをふり、卵豆腐のたれをかける。

芋雑穀粥

たっぷり食物繊維でおなかのお掃除

1/12

(材料) 茶碗2杯分

さつまいも … 小1本
雑穀 … 大さじ1（約15g）
米 … ½合（約75g）
水 … 750㎖
塩 … 小さじ⅓

(作り方)

1 鍋によく洗った米、雑穀、水を入れ、ふたをせずに中火にかける。この間にさつまいもは1cm角に切り、水にさらしておく。

2 沸騰してきたら、鍋底から米粒をはがすように玉じゃくしでゆっくり混ぜる。鍋に菜箸を渡し、ふたをして弱火で20分煮込む。

3 水気をきったさつまいもを加え、再び菜箸を渡してふたをし、さらに弱火で10分煮る。

4 さっとアクをすくい取り、塩で味をととのえる。鍋全体をゆっくり混ぜて火を止め、ふたをして5分蒸らし、器に盛る。

りんご粥

風邪を引きそうな日の

1/13

(材料) 茶碗2杯分

りんご … ½個
米 … ½合（約75g）
水 … 750㎖
塩 … 小さじ⅓
〈トッピング〉
  クリームチーズ … 適量
  黒こしょう、シナモン、
  シュガー … 各適宜

＊甘みが足りなければ、砂糖を加える前に塩を増やしてみてください。塩がぐっと甘みを引き立ててくれます。

(作り方)

1 りんごは食べやすく切る。

2 鍋によく洗った米、水を入れ、ふたをせずに中火にかける。りんごを加え、沸騰してきたら、鍋底から米粒をはがすように玉じゃくしでゆっくり混ぜる。鍋に菜箸を渡し、ふたをして弱火で30分煮込む。

3 さっとアクをすくい取り、塩で味をととのえる。鍋全体をゆっくり混ぜて火を止め、ふたをして5分蒸らす。

4 器に盛り、小さく切ったクリームチーズをのせ、好みで黒こしょうとシナモンシュガーをふる。

ちゃちゃっとねこまんま

おかかバター粥

作り方

1 白粥を盛る器の底に、削りかつおを敷き詰める。

2 白粥をあつあつに温め、**1** に盛る。

3 バターをのせ、黒こしょうをふり、フライドオニオンをのせる。しょうゆをかけていただく。

材料　茶碗1杯分

白粥 … 茶碗1杯分
＊作り方はP13参照
削りかつお … 適量
しょうゆ … 少々

〈トッピング〉
バター … 1かけ（10g）
黒こしょう … 適量
フライドオニオン … 適量

COLUMN

いざという時のためのレトルト粥ストック

レトルト粥のローリングストックをはじめませんか？ おかゆは老若男女が食べられるうえ、体調を問いません。非常食はパサパサした食感のものが多いですが、おかゆは一緒に水分も取ることができる点も魅力です。ローリングストックを上手に続けるポイントは「日常で消費するものであること」。レトルト粥をおいしく食べる方法を知っていれば、日常も、いざという時にも、心強い味方になることでしょう。この本で紹介している「温める＋α」のおかゆは、レトルト粥でも調理可能です！近年は器のいらないカップタイプのレトルト粥も登場しています。ぜひチェックしてみてくださいね。

材料 茶碗2杯分

小豆水煮 … 50g
米 … ½合(約75g)
水 … 700mℓ
塩 …… 小さじ⅓
〈トッピング〉
｜ 木の芽 … 2枚

作り方

1. 鍋に洗った米、水を入れる。かたよりがないように鍋底をならして、ふたをせずに、中〜強火にかける。

2. 沸騰してきたら、鍋底から米粒をはがすように玉じゃくしでゆっくり混ぜる。鍋に菜箸を渡し、ふたをしてふつふつと波打つ程度の弱〜中火で20分煮込む。

3. 小豆水煮を加え、再び菜箸を渡してふたをし、さらに10分煮る。

4. さっとアクをすくい取り、塩で味をととのえる。鍋全体をゆっくり混ぜて火を止め、ふたをして5分蒸らす。

5. 器に盛り、木の芽を添える。

材料 茶碗2杯分

ゆでだこ … 約100g
米 … ½合(約75g)
水 …… 750mℓ
刻みしょうが … 大さじ1
塩 …… 小さじ½
〈トッピング〉
｜ 青のり … 適宜
｜ 岩塩 … 適宜

作り方

1. たこは一口大に切る。

2. 鍋に洗った米、水を入れ、ふつふつと沸くまで、ふたをせずに中火にかける。

3. 沸騰してきたら、鍋底から米粒をはがすように玉じゃくしでゆっくり混ぜる。鍋に菜箸を渡し、ふたをして弱火で20分煮込む。

4. たこ、しょうがを加え、再び菜箸を渡し、ふたをしてさらに弱火で10分煮る。

5. さっとアクをすくい取り、塩で味をととのえる。鍋全体をゆっくり混ぜて火を止め、ふたをして5分蒸らす。

6. 器に盛り、好みで青のりをのせ、岩塩をふる。

タウリンたっぷり ちびイカ粥

1/17

材料 茶碗2杯分

ヒイカ … 1パック（約150g）
昆布だし汁（昆布5cm角＋水）
　… 800ml
米 … ½合（約75g）
ごま油 … 大さじ1
おろししょうが … 小さじ1〜
塩 … 小さじ½
〈トッピング〉
　ブロッコリー… 適量
　おろししょうが … 適量

作り方

1 昆布だし汁を作る。昆布はさっと洗い、たっぷりの水またはぬるま湯に1時間以上浸す。昆布は取り出す。

2 イカは足を引っぱり、内臓ごと引き抜いて、目、くちばし、軟骨を取り除き、水洗いして水気を拭く。米は洗ってざるに上げる。

3 鍋にごま油を熱し、おろししょうが、イカを加えて炒める。イカがさっと色づいたら取り出し、米を加えて全体がなじむまで炒める。

4 だし汁を加え、具材のかたよりがないようにならして、ふたをせずに中〜強火にかける。

5 沸騰してきたら、鍋底から米粒をはがすように玉じゃくしでゆっくり混ぜる。鍋に菜箸を渡し、ふたをしてふつふつと波打つ程度の弱〜中火で30分煮込む。

6 さっとアクをすくい取り、取り出しておいたイカを加え、塩で味をととのえる。鍋全体をゆっくり混ぜて火を止める。

7 器に盛り、ゆでたブロッコリーを添え、おろししょうがをのせる。

まるできのこあんかけ 卵黄のせなめたけ粥

1/18

材料 茶碗1杯分

卵黄 … 1個分
なめたけ … 適量
白粥 … 茶碗1杯分
＊作り方はP13参照
〈トッピング〉
　青じそのせん切り … 適宜

作り方

1 白粥を温め、器に盛る。

2 なめたけ、卵黄をのせ、好みで青じそを添える。

1月

（**材料**） 茶碗2杯分

長ねぎ（白い部分）　〈トッピング〉
　… 1本分　　　　　長ねぎの薄切り
米 … ½合（約75g）　（青い部分）、
ごま油 … 小さじ½　にんにくみそ
水 … 750㎖　　　　… 各適量
塩 … 小さじ⅓〜

発汗作用で免疫アップ

ねぎの中華風粥

（**作り方**）

1　ねぎはみじん切りにする。米は洗ってざるに上げる。

2　鍋に米、ねぎを入れ、ごま油を絡める。

3　水を加え、具材のかたよりがないようにならして、ふたをせずに中〜強火にかける。

4　沸騰してきたら、鍋底から米粒をはがすように玉じゃくしでゆっくり混ぜる。鍋に菜箸を渡し、ふたをしてふつふつと波打つ程度の弱〜中火で30分煮込む。

5　さっとアクをすくい取り、塩で味をととのえる。鍋全体をゆっくり混ぜて火を止め、ふたをして5分蒸らす。

6　器に盛り、トッピング用のねぎと、にんにくみそを添える。

（**材料**） 茶碗1杯分

白粥 … 茶碗1杯分
＊作り方はP13参照
天かす … 適量
削りかつお … 適量
小ねぎの小口切り … 適宜

朝寝坊でもちゃちゃっと朝食

天かすおかか粥

（**作り方**）

1　白粥を温めて器に盛る。

2　天かす、削りかつおをのせ、小ねぎを散らす。

＊お好みでめんつゆをかけて召し上がれ！

底冷えの朝に

帆立ミルク粥

作り方

1 鍋に洗った米、帆立水煮を缶汁ごと入れ、水を加える。具材のかたよりがないようにならして、ふたをせずに中〜強火にかける。

POINT このときトッピング用に少量の帆立を取っておくとよい。

2 沸騰してきたら、鍋底から米粒をはがすように玉じゃくしでゆっくり混ぜる。鍋に菜箸を渡し、ふたをしてふつふつと波打つ程度の弱〜中火で30分煮込む。

3 ミルクを加え、全体を混ぜる。少し火を強め、とろみが出るまで加熱する。

4 さっとアクをすくい取り、塩で味をととのえる。鍋全体をゆっくり混ぜて火を止め、ふたをして5分蒸らす。

5 器に盛り、トッピング用の帆立をのせ、好みで黒こしょうとパセリを散らす。

材料　茶碗2杯分

帆立水煮缶 … 1缶（約65g）
ミルク（牛乳、豆乳、アーモンド
　ミルクなど）… 100㎖
米 … ½合（約75g）
水 … 700㎖
塩 … 小さじ⅓〜
〈トッピング〉
　黒こしょう … 適宜
　パセリ … 適宜

辛すっぱで疲れ吹き飛ぶ

トムヤムクン風粥

1/22

〈材料〉 茶碗2杯分

えび … (中) 4〜6尾
マッシュルーム … 3〜4個
米 … ½合（約75g）
鶏ガラスープの素 … 小さじ1
水 … 750㎖
ココナッツミルク（または牛乳、豆乳でも）
　… 100㎖
トムヤムペースト … 大さじ1
塩 … 少々
〈トッピング〉
｜パクチー、黒こしょう … 各適宜

〈作り方〉

1　えびは殻をむき、背わたを除く。マッシュルームは石づきを取り、半分に切る。

2　鍋に洗った米、鶏ガラスープの素、水を入れる。かたよりがないようにならして、ふたをせずに中〜強火にかける。

3　沸騰してきたら、鍋底から米粒をはがすように玉じゃくしでゆっくり混ぜる。鍋に菜箸を渡し、ふたをしてふつふつと波打つ程度の弱〜中火で30分煮込む。

4　ココナッツミルク、えび、マッシュルームを加え、一度火を強めて、かき混ぜながら具材に火を通す。

5　ほどよいとろみがついたら、トムヤムペースト、塩で味をととのえる。鍋全体をゆっくり混ぜて火を止める。

6　器に盛り、好みでパクチーを添え、黒こしょうをふる。

ふーふー必須！

豆腐あんかけ粥

1/23

〈材料〉 茶碗2〜3杯分

豆腐 … 100〜200g
おろししょうが … 適量
白粥 … 茶碗2〜3杯分
＊作り方はP13参照
〈あん〉
｜だし汁 … 300㎖
｜しょうゆ … 大さじ2
｜酒 … 大さじ2
｜みりん … 大さじ2
｜砂糖 … 小さじ1
〈とろみ〉
｜片栗粉、水 … 各大さじ1
〈トッピング〉
｜ゆずの皮のせん切り、小ねぎの
｜　小口切り … 各少々
＊豆腐は舌触りの良い「絹」がおすすめです。

〈作り方〉

1　鍋に大きめに崩した豆腐、しょうが、だし汁を入れて、ふたをせずに中火で煮立て、しょうゆ、砂糖、塩で味をととのえる。

2　くず粉と水をよく混ぜ、かき混ぜながら1に加えてとろみをつける。

3　白粥を温め、器に盛って豆腐をのせ、2をかけ、ゆず、小ねぎを散らす。

材料 茶碗2杯分

そばの実 … 大さじ1
米 … ½合（約75g）
水 … 750㎖
塩 … 小さじ⅓
刺し身（まぐろ、白身魚など）… 適量
〈トッピング〉
　青じそのせん切り、食用菊
　… 各適量

作り方

1 鍋に洗った米、そばの実、水を入れる。具材のかたよりがないようにならして、ふたをせずに中〜強火にかける。

2 沸騰してきたら、鍋底から米粒をはがすように玉じゃくしでゆっくり混ぜる。鍋に菜箸を渡し、ふたをしてふつふつと波打つ程度の弱〜中火で30分煮込む。

1/24

暖房の気だるさ飛ばしに
お刺身のせそばの実粥

3 さっとアクをすくい取り、塩で味をととのえる。鍋全体をゆっくり混ぜて火を止め、ふたをして5分蒸らす。

4 器に盛り、刺し身、青じそをのせ、食用菊を散らす。

材料 茶碗2杯分

はすの実 … 約10個
ゆり根 … 1個
米 … ½合（約75g）
水 … 700㎖
塩 … 小さじ½

作り方

1 はすの実は芽を取り除き、できれば一晩水に浸けておく。ゆり根はおがくずを洗って落とし、1枚ずつにばらす。変色している部分は取り除き、しっかりと土を落とす。

2 鍋によく洗った米、はすの実、水を入れてふたをせず、中火にかける。

3 ゆり根を加え、1分ほど煮たら飾り用にゆり根の半量を取り出し、冷水でしめる。

1/25

会議の朝は心しずめて
はすの実ゆり根粥

4 沸騰してきたら、鍋底から米粒をはがすように玉じゃくしでゆっくり混ぜる。鍋に菜箸を渡し、ふたをして弱火で30分煮込む。

5 塩で味をととのえたら、鍋全体をゆっくり混ぜて火を止め、ふたをして5分蒸らす。

6 器に盛り、取り出しておいたゆり根を飾る。

1/26

すじこのせ豆腐粥

あったかつめた！が食欲そそる

(材料) 茶碗2杯分

豆腐 … 小1丁（約150g）
塩すじこ … 2切れ
米 … ½合（約75g）
水 … 700㎖
塩 … 小さじ⅓
〈トッピング〉
| かいわれ大根、小ねぎの小口切り
| … 各適量
＊豆腐は絹でももめんでも、お好みで。

(作り方)

1 豆腐は冷蔵庫から出して常温に置く。

2 鍋によく洗った米、水を入れる。かたよりがないように鍋底をならして、ふたをせずに中〜強火にかける。

3 沸騰してきたら、鍋底から米粒をはがすように玉じゃくしでゆっくり混ぜる。鍋に菜箸を渡し、ふたをしてふつふつと波打つ程度の弱〜中火で20分煮込む。

4 豆腐を手で崩しながら加え、再び菜箸を渡してふたをし、さらに10分煮る。

5 塩で味をととのえ、鍋全体をゆっくり混ぜて火を止め、ふたをして5分蒸らす。

6 器に盛り、すじこをのせ、かいわれと小ねぎをトッピングする。

＊お好みでしょうゆをかけて召し上がれ！

1/27

鶏ひき舞茸粥

旨味凝縮！神コンビ

(材料) 茶碗2杯分

鶏ひき肉 … 50g
まいたけ … ½パック
米 … ½合（約75g）
水 … 700㎖
塩 … 小さじ1
〈トッピング〉
春菊 … 適量

(作り方)

1 鍋によく洗った米、水を入れる。かたよりがないようにならして、ふたをせずに中〜強火にかける。

2 沸騰してきたら、鍋底から米粒をはがすように玉じゃくしでゆっくり混ぜる。鍋に菜箸を渡し、ふたをしてふつふつと波打つ程度の弱〜中火で20分煮込む。

3 ひき肉、食べやすい大きさに裂いたまいたけを加え、再び菜箸を渡してふたをし、さらに10分煮る。

4 さっとアクをすくい取り、塩で味をととのえる。鍋全体をゆっくり混ぜて火を止め、ふたをして5分蒸らす。

5 器に盛り、春菊を飾る。

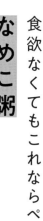

食欲なくてもこれならペロリ

なめこ粥

(作り方)

1 なめこは流水で洗い、ざるに上げて水気をきる。

2 鍋によく洗った米、だし汁を入れる。かたよりがないようにならして、ふたをせずに中〜強火にかける。

3 沸騰してきたら、鍋底から米粒をはがすように玉じゃくしでゆっくり混ぜる。鍋に菜箸を渡し、ふたをしてふつふつと波打つ程度の弱〜中火で25分煮込む。

4 なめこを加え、再び菜箸を渡し、ふたをしてさらに5分煮る。

5 さっとアクをすくい取り、塩で味をととのえる。鍋全体をゆっくり混ぜて火を止め、ふたをして5分蒸らす。

6 器に盛り、好みでみそを添え、白髪ねぎを散らす。

(材 料)　茶碗2杯分

なめこ … 1袋
米 … ½合（約75g）
だし汁 … 700㎖
塩 … 小さじ½
〈トッピング〉
｜ みそ … 適宜
｜ 白髪ねぎ … 適宜

＊だし汁はかつおだしがおすすめです！

バターパセリ粥

胃のモヤモヤを青みでととのえ

1/29

材料 茶碗1杯分

パセリ … ½枝
バター … 1かけ（10g）
白粥 … 茶碗1杯分
＊作り方はP13参照
塩、黒こしょう … 各少々
〈トッピング〉
┃ じゃがポックル（市販品）、
┃ パセリ、塩、こしょう
┃ … 各適量

作り方

1 パセリの葉はちぎり、傷がつきにくい深さのある容器に入れてキッチンバサミで細かく切る。または包丁でみじん切りにする。

2 白粥をあつあつに温め、パセリを加えて混ぜ込む。

3 器に盛ってバター、じゃがポックルをのせる。

＊じゃがポックルは北海道のスナック菓子です。代わりにフライドポテトをのせても。

甘い酒粕粥

甘酒以上に温まる

1/30

材料 茶碗2杯分

酒粕 … 40g
米 … ½合（約75g）
水 … 800㎖
砂糖 … 大さじ2
塩 … 少々
〈トッピング〉
┃ 木の芽 … 少々

作り方

1 酒粕は少量の湯（分量外）で溶かす。

2 鍋によく洗った米、水を入れる。かたよりがないようにならして、ふたをせずに中〜強火にかける。

3 沸騰してきたら、鍋底から米粒をはがすように玉じゃくしでゆっくり混ぜる。鍋に菜箸を渡し、ふたをしてふつふつと波打つ程度の弱〜中火で30分煮込む。

4 クリーム状にした酒粕をおかゆに加えて混ぜ込む。

5 砂糖、塩で味をととのえる。鍋全体をゆっくり混ぜて火を止め、ふたをして5分蒸らす。

6 器に盛り、木の芽を飾る。

＊他にトッピングには粉山椒、おろししょうが、塩昆布などがおすすめです。

ミネラルたっぷり香ばしい

もち粟入り粥

作り方

1　鍋によく洗った米、もち粟、水を入れる。

2　かたよりがないようにならして、ふたをせずに中〜強火にかける。

3　沸騰してきたら、鍋底から米粒をはがすように玉じゃくしでゆっくり混ぜる。鍋に菜箸を渡し、ふたをしてふつふつと波打つ程度の弱〜中火で30分煮込む。

4　塩で味をととのえる。鍋全体をゆっくり混ぜて火を止め、ふたをして5分蒸らす。

5　器に盛り、たたみいわし、みつばをのせ、粉山椒をふる。

材料　茶碗2杯分

もち粟 … 大さじ1
米 … ½合（約75g）
水 … 750mℓ
塩 … 小さじ⅓
〈トッピング〉
　たたみいわし、みつば、
　粉山椒 … 各適量

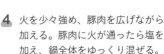

豚たま粥

（材料）　茶碗2杯分

豚薄切り肉 … 100g
卵 … 1個
米 … ½合（約75g）
水 … 750ml
塩 … 小さじ½
〈トッピング〉
│ 青じそ、梅ペースト … 各適宜

（作り方）

1. 鍋に洗った米、水を入れる。かたよりがないようにならして、ふたをせずに中～強火にかける。

2. 鍋の様子を見ながら、下ごしらえをする。豚肉は塩（分量外）をしっかりもみ込む。卵は冷蔵庫から出して常温に置く。

3. 沸騰してきたら、鍋底から米粒をはがすように玉じゃくしでゆっくり混ぜる。鍋に菜箸を渡し、ふたをしてふつふつと波打つ程度の弱～中火で30分煮込む。

4. 火を少々強め、豚肉を広げながら加える。豚肉に火が通ったら塩を加え、鍋全体をゆっくり混ぜる。

5. 溶いた卵を回し入れ、10秒たったらふわっとかき混ぜて火を止める。ふたをして5分蒸らす。

6. 器に盛り、好みでせん切りにした青じそ、梅ペーストを添える。

米油粥

さらさらとろみの

（材料）　茶碗2杯分

米油 … 小さじ1
米 … ½合（約75g）
水 … 750ml
塩 … 小さじ⅓
〈トッピング〉
│ 刻んだみつばの茎 … 適量

（作り方）

1. 鍋に洗った米を入れ、米油を絡める。水を加えて、かたよりがないようにならし、ふたをせずに中～強火にかける。

2. 沸騰してきたら、鍋底から米粒をはがすように玉じゃくしでゆっくり混ぜる。鍋に菜箸を渡し、ふたをしてふつふつと波打つ程度の弱～中火で30分煮込む。

3. 塩で味をととのえる。鍋全体をゆっくり混ぜて火を止め、ふたをして5分蒸らす。

4. 器に盛り、みつばを散らす。

＊一緒に梅干し、昆布の佃煮、実山椒の塩漬けなどを添えて。

節分はお豆の力で邪気払い

大豆の水煮粥

2月

作り方

1. 鍋によく洗った米、水を入れる。かたよりがないようにならして、ふたをせずに中〜強火にかける。

2. 沸騰してきたら、鍋底から米粒をはがすように玉じゃくしでゆっくり混ぜる。鍋に菜箸を渡し、ふたをしてふつふつと波打つ程度の弱〜中火で20分煮込む。

3. 大豆を加え、再び菜箸を渡してふたをし、さらに10分煮込む。

4. 塩で味をととのえる。鍋全体をゆっくり混ぜて火を止め、ふたをして5分蒸らす。

5. 器に盛り、とろろ昆布、塩昆布をトッピングする。

材料　茶碗2杯分

大豆の水煮 … 50g
米 … ½合（約75g）
水 … 700㎖
塩 … 小さじ⅓
〈トッピング〉
｜ とろろ昆布、塩昆布 … 各適量

抹茶粥

背筋を伸ばしていただく

（材料） 茶碗2杯分

抹茶 … 小さじ½
白粥 … 茶碗2杯分
＊作り方はP13参照
〈トッピング〉
｜あられ … 適宜

（作り方）

1 白粥をよく温め、ぽってりと仕上げる。

2 抹茶は水大さじ1（分量外）で溶かし、白粥に混ぜ込む。

3 器に盛り、好みであられを飾る。

八宝粥（臘八粥 ロウバージョウ）

中国伝統の滋養スイーツ

（材料） 作りやすい分量

麦（押し麦・もち麦）、粟、小豆、
はすの実、なつめ、
　ピーナッツ、白きくらげ
　… 7種合わせて80g
米（うるち・もち）
　… 合わせて60g
水 … 1000㎖
砂糖 … 大さじ2〜
塩 … 少々

（作り方）

1 麦、粟、小豆はさっと洗い、たっぷりの水（分量外）に浸す。冷蔵庫で一晩浸水させる。

2 深さのある鍋にさっと洗った米、1、はすの実、なつめ、ピーナッツ、白きくらげ、水を入れる。かたよりがないようにならして、ふたをせずに中〜強火にかける。

POINT 水は穀物類を浸しておいた水を含めて1000㎖にする。

3 沸騰してきたら火を弱め、ふつふつと波打つ程度の弱〜中火で60分煮込む。途中水の量が減ったら差し水をする。

4 具材がやわらかくなり、ほどよいとろみがついたら、砂糖、塩で味をととのえる。5分ほどさらに煮て、器に盛る。

＊冷やしてもおいしいです。

のど風邪の気配を感じたら

はちみつきんかん粥

（ 材料 ） 茶碗2杯分

きんかん … 5〜6個
はちみつ … 大さじ1
米 … ½合（約75g）
水 … 750㎖
塩 … 小さじ⅓
〈トッピング〉
　はちみつ、おろししょうが
　… 各適宜

（ 作り方 ）

1　鍋によく洗った米、水を入れ、ふたをせずに中火にかける。

2　半分に切ったきんかんを加える。

3　沸騰してきたら、鍋底から米粒をはがすように玉じゃくしでゆっくり混ぜる。鍋に菜箸を渡し、ふたをしてふつふつと波打つ程度の弱〜中火で30分煮込む。

4　はちみつ、塩で味をととのえる。鍋全体をゆっくり混ぜて、火を止め、ふたをして5分蒸らす。

5　器に盛り、好みではちみつをかけ、しょうがを添える。

疲労回復のおたすけ朝食

鶏ひき梅粥

（ 材料 ） 茶碗2杯分

鶏ひき肉 … 100g
梅干し … 1〜2個
米 … ½合（約75g）
水 … 750㎖
塩 … 小さじ½
〈トッピング〉
　青じそのせん切り、
　白いりごま … 各適量

（ 作り方 ）

1　鍋に洗った米、水を入れる。かたよりがないようにならして、ふたをせずに中〜強火にかける。ひき肉は冷蔵庫から出して常温に置く。

2　沸騰してきたら、鍋底から米粒をはがすように玉じゃくしでゆっくり混ぜる。鍋に菜箸を渡し、ふたをしてふつふつと波打つ程度の弱〜中火で20分煮込む。

3　ひき肉は手でホロホロと崩すように加え、梅干しは軽くつぶして加える。再び菜箸を渡し、ふたをしてさらに10分煮る。

4　さっとアクをすくい取り、塩で味をととのえる。鍋全体をゆっくり混ぜて火を止め、ふたをして5分蒸らす。

5　器に盛り、青じそ、ごまをトッピングする。

ジャスミンライスで作る

タイのとろとろ鶏粥 ジョーク（โจ๊ก）

作り方

1. 深さのある鍋に水を入れて強火にかけ、ふたをせずに沸騰させる。

2. 肉だんごの材料をこねて一口大に丸め、**1**の鍋に加えてゆでる。火が通ったら引き上げ、アクをすくい取る。

3. さっと洗ったジャスミン米、刻んだパクチーの根を **2** に加える。おかゆが好みのとろとろ加減になるまで、ときどき混ぜながら弱火で30分～1時間煮込む。

   POINT 鍋の水分が足りなくなったら湯（分量外）を足す。

4. 鶏ガラスープの素、塩を入れて味をととのえる。肉だんごを戻し入れ、温める。

5. 器に盛り、パクチー、ナンプラー、小ねぎ、しょうがをのせる。

材料 茶碗4杯分

〈肉だんご〉
豚ひき肉 … 100g
ナンプラー（またはしょうゆ）
　… 小さじ½
塩、こしょう … 各少々
水 … 1000㎖
ジャスミン米 … 150g
パクチーの根 … 2本（あれば）
鶏ガラスープの素 … 小さじ1
塩 … 小さじ1
〈トッピング〉
パクチー、ナンプラー、
　小ねぎの小口切り、
　しょうがのせん切り … 各適量

＊米は日本米でもOK。ジャスミン米より崩れにくいため、水を増やして煮込み時間を長くした方がとろとろ感は近くなります。
＊冷やごはんを使ったり、フードプロセッサーで米を砕いてから作ると時短になります。

きのこミルク粥

一年で一番の寒さにはコレ

材料 　茶碗2杯分

きのこ（しめじ、まいたけ、しいたけ、
　えのきだけ、エリンギなど）
　… 合わせて100〜200g
牛乳 … 300㎖
米 … ½合（約75g）
水 … 500㎖　　塩 … 小さじ1
〈トッピング〉
　刻みパセリ、黒こしょう … 各適量

＊きのこは少なくとも3種類、なるべくたくさ
　んの種類のきのこを少量ずつ組み合わせると
　風味が増します。

作り方

1 深さのある鍋に洗った米、水を入れ、ふたを
せずに中火にかける。牛乳は冷蔵庫から出し
て計量し、常温に置く。きのこは石づきを取
って食べやすい大きさにしておく。

2 沸騰してきたら、鍋底から米粒をはがすよう
に玉じゃくしでゆっくり混ぜる。鍋に菜箸を
渡し、ふたをして弱火で15分煮込む。

3 牛乳を加えてゆっくり混ぜ、
一度中火にする。表面がふ
つふつしてきたら、きのこ
を加える。再び菜箸を渡し
てふたをし、ごく弱〜弱火
にして15分煮込む。

4 さっと膜をすくい取り、塩で味をととの
える。火を止め、ふたをして5分蒸らす。

5 器に盛り、パセリ、黒こしょうをふる。

焼きかぶ粥

メイラードの魔法！

材料 　茶碗2杯分

かぶ … 小2個　　〈トッピング〉
米 … ½合　　　　黒こしょう、
　（約75g）　　　　ヨーグルト（無糖）
ローリエ … 1枚　　… 各適量
水 … 750㎖
塩 … 小さじ½

作り方

1 鍋によく洗った米、ローリエ、水
を入れる。かたよりがないように
ならして、ふたをせずに中〜強火
にかける。

2 沸騰してきたら、鍋底から米粒をはがすよ
うに玉じゃくしでゆっくり混ぜる。鍋に菜
箸を渡し、ふたをしてふつふつと波打つ程
度の弱〜中火で25分煮込む。

3 この間にかぶの下ごしらえをする。かぶは
食べやすい大きさに切り、グリルまたはト
ースターなどで焦げ目がつくまで焼く。ト
ッピング用のかぶを取り分けておく。

4 2にかぶを加え、さらに5分煮る。

5 ローリエを取り出し、さっとアクを
すくい取る。塩で味をととのえる。
鍋全体をゆっくり混ぜて火を止め、
ふたをして5分蒸らす。

6 器に盛り、トッピング用のかぶをの
せ、黒こしょうをふり、ヨーグルト
を添える。

材料 茶碗2〜3杯分

小豆茶ティーバッグ … 2〜3個
米 … 100g
水 … 1000mℓ
塩 … 小さじ⅓

作り方

1 深さのある鍋に水を入れて、ふたをせずに強火にかける。この間に米を洗う。

2 沸騰したら米、ティーバッグを入れる。再び沸いたら、鍋底から米粒をはがすように玉じゃくしでゆっくり混ぜる。

3 ふたをせずに15分ほど中〜強火にかける。ぐるんぐるんと米を対流で躍らせながら煮込む。

POINT お茶の色が濃い目に出たらティーバッグを取り出す。

4 さっとアクをすくい取り、塩で味をととのえ、鍋全体をゆっくり混ぜる。

5 器に盛り、好みで梅干し、昆布の佃煮、鯛みそなどを添える。

＊梅干し、昆布の佃煮、鯛みそなどを添えて。

材料 茶碗2杯分

ほうれん草(ゆでたもの) … 30g
米 … ½合(約75g)
水 … 700mℓ
塩 … 小さじ⅓
〈トッピング〉
ポテトチップス、ヨーグルト、
黒こしょう … 各適量

作り方

1 鍋に洗った米、水を入れる。かたよりがないようにならして、ふたをせずに中〜強火にかける。この間にほうれん草をゆで、刻んでおく。

2 沸騰してきたら、鍋底から米粒をはがすように玉じゃくしでゆっくり混ぜる。鍋に菜箸を渡し、ふたをしてふつふつと波打つ程度の弱〜中火で30分煮込む。

3 ほうれん草を加え、全体に広げる。塩で味をととのえる。

4 鍋全体をゆっくり混ぜて火を止め、ふたをして5分蒸らす。

5 器に盛り、ポテトチップス、ヨーグルト、黒こしょうをトッピングする。

スーパーフードで美肌ケア

サラダ添えキヌア粥

材料 茶碗2杯分

キヌア … 小さじ2
米 … ½合（約75g）
水 … 700㎖
塩 … 小さじ⅓
生ハム、ルッコラ … 各適量
〈トッピング〉
　│ ハーブソルト、オリーブオイル
　│ … 各適量

作り方

1 鍋によく洗った米、キヌア、水を入れる。かたよりがないようにならして、ふたをせずに中〜強火にかける。

2 沸騰してきたら、鍋底から米粒をはがすように玉じゃくしでゆっくり混ぜる。鍋に菜箸を渡し、ふたをしてふつふつと波打つ程度の弱〜中火で30分煮込む。

3 さっとアクをすくい取り、塩で味をととのえる。鍋全体をゆっくり混ぜて火を止め、ふたをして5分蒸らす。

4 器に盛り、生ハム、ルッコラをのせ、ハーブソルト、オリーブオイルをかける。

バレンタインデーのサプライズ

フィリピンのチョコ粥（チャンポラード）

材料 茶碗2杯分

ココアパウダー … 大さじ1〜
ごはん … 茶碗1杯分
水 … 茶碗2杯分
砂糖 … 適量
〈トッピング〉
　│ チョコレート … 適量

作り方

1 鍋にごはん、水を入れてふたをせずに中火にかける。ときどき混ぜながら好みのやわらかさになるまで10分ほど煮る。

2 ココアパウダー、砂糖を加えて味をととのえる。

3 器に盛り、チョコレートをトッピングする。

　＊好みで牛乳をかけて。カカオニブや砕いたチョコレートのトッピングもおすすめです。現地風に魚の干物を添えても。

COLUMN

ごはんから作ったものは雑炊？

「おかゆと雑炊の違いは？」これ、いちばん聞かれる質問です。わたしの答えは「お米が主役なのがおかゆ、だしが主役なのが雑炊」。雑炊はだしをおいしく食べるための料理なので、お米の代わりに餅やうどんで代用ができます。一方おかゆはお米ありき。他の食材で代替ができません。生米から作るものだけをおかゆ、とする説もありますが、ごはんから作る「入れ粥」という作り方も存在するうえ、世界にはごはんから作る粥も多数。お米からでも、ごはんからでもOK！ おかゆはもっと気軽で自由な料理です。

コリコリたのしい

ヤングコーン粥

（**材料**）茶碗2杯分

生ヤングコーン（ベビーコーン）
　…5本
米…½合（約75g）
水…700㎖
塩…小さじ½
〈トッピング〉
｜　小ねぎの小口切り、バター、
｜　　しょうゆ…各適量

（**作り方**）

1　鍋によく洗った米、水を入れる。かたよりがないようにならして、ふたをせずに中火にかける。

2　沸騰してきたら、鍋底から米粒をはがすように玉じゃくしでゆっくり混ぜる。鍋に菜箸を渡し、ふたをして弱火で20分煮込む。

3　食べやすく切ったヤングコーンを加え、再び菜箸を渡し、ふたをしてさらに弱火で10分煮る。

4　さっとアクをすくい取り、塩で味をととのえる。鍋全体をゆっくり混ぜて火を止め、ふたをして5分蒸らす。

5　器に盛り、小ねぎ、バターをのせ、しょうゆをたらす。

キュートな色味に気分も上がる

ラディッシュ粥

（**材料**）茶碗2杯分

ラディッシュ…中2個
米…½合（約75g）
水…700㎖
塩…小さじ½

（**作り方**）

1　鍋によく洗った米、水を入れる。かたよりがないようにならして、ふたをせずに中〜強火にかける。

2　沸騰してきたら、鍋底から米粒をはがすように玉じゃくしでゆっくり混ぜる。鍋に菜箸を渡し、ふたをしてふつふつと波打つ程度の弱〜中火で20分煮込む。

3　角切りにしたラディッシュを加え、再び菜箸を渡し、ふたをしてさらに10分煮る。

4　さっとアクをすくい取り、塩で味をととのえる。鍋全体をゆっくり混ぜて火を止め、ふたをして5分蒸らし、器に盛る。

お好み具材でおかゆフォンデュ！

中華風粥鍋（母米粥（モウマイゾウ））

（作り方）

1 鍋に白粥、鶏ガラスープの素を入れ、水を加えてポタージュくらいのゆるさになるまで温め、鍋のベースにする。

POINT ベースにするスープはとろとろにして絡みよく。粒感の少ない白粥を使ったり、白粥をハンドブレンダーなどでつぶして粒感をなくすと、具材との絡みがよくなり、より本格的な仕上がりに！

2 鍋やしゃぶしゃぶのときと同様に鍋の具の下ごしらえをする。

3 1の鍋に2の具を1種類ずつ入れて、火が通ったら白粥ごと食べる。または具だけ食べて、最後に白粥のスープとして食べてもよい。

＊魚介→肉→野菜の順に加えて食べるとうまみが出るのでおすすめ。
＊レトルト粥で作ると簡単です。

（材料） 作りやすい分量

白粥 … 茶碗2杯分
＊作り方はP13参照

鶏ガラスープの素
　… 小さじ1〜2

水 … 適量

〈鍋の具〉

魚介（えび、牡蠣、たら、
　シーフードミックスなど）… 適量

肉（牛肉、豚肉、鶏肉、ラム肉、レバー、
　ホルモンなど）… 適量

野菜（葉物野菜、根菜、きのこなど）
　… 適量

その他（豆腐、ピータン、油条など）
　… 適量

こってり豆乳粥

大豆イソフラボンたっぷり

材料　茶碗2杯分

豆乳（無調整）… 300㎖
米 … ½合（約75g）
水 … 500㎖
塩 … 小さじ1
〈トッピング〉
| みそ、粉山椒 … 各少々

作り方

1 鍋に洗った米、水を入れる。かたよりがないようにならして、ふたをせずに中～強火にかける。豆乳は冷蔵庫から出して計量し、常温に置く。

2 沸騰してきたら、鍋底から米粒をはがすように玉じゃくしでゆっくり混ぜる。鍋に菜箸を渡し、ふたをしてふつふつと波打つ程度の弱～中火で20分煮込む。

*粘度の高い豆乳は水で薄めて牛乳ぐらいのとろみにします。

3 豆乳を加えてゆっくり混ぜ、一度中火にする。表面がふつふつしてきたら、再び菜箸を渡し、ふたをして、ごく弱火で10分煮る。

4 さっと膜をすくい取り、塩で味をととのえる。鍋全体をゆっくり混ぜて火を止め、ふたをして5分蒸らす。

5 器に盛り、みそを添え、粉山椒をふる。

芽キャベツ粥

毎年恒例の春の贅沢

材料　茶碗2杯分

芽キャベツ … 8個
米 … ½合（約75g）
水 … 700㎖
塩 … 小さじ⅓～
〈トッピング〉
| ローストくるみ、黒こしょう
| … 各適量

作り方

1 芽キャベツは茎の部分を薄く切って十字の切り込みを入れ、いたんだ葉を除く。

2 鍋に洗った米、芽キャベツ、水を入れる。具材のかたよりがないようにならして、ふたをせずに中～強火にかける。

3 沸騰してきたら、鍋底から米粒をはがすように玉じゃくしでゆっくり混ぜる。鍋に菜箸を渡し、ふたをしてふつふつと波打つ程度の弱～中火で30分煮込む。

4 さっとアクをすくい取り、塩で味をととのえる。鍋全体をゆっくり混ぜて火を止め、ふたをして5分蒸らす。

5 器に盛り、くるみ、黒こしょうをトッピングする。

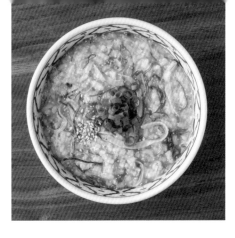

海の恵みたっぷり
ねばねば松前漬け粥

（**材料**）茶碗2杯分

松前漬け … 50g
米 … ½合（約75g）
水 … 750㎖
塩 … 小さじ⅓〜
〈トッピング〉
| 白いりごま、小ねぎの小口切り、
| しょうゆ … 各適量

（**作り方**）

1 鍋に洗った米、水を入れる。かたよりがないようにならして、ふたをせずに中〜強火にかける。

2 沸騰してきたら、鍋底から米粒をはがすように玉じゃくしでゆっくり混ぜる。鍋に菜箸を渡し、ふたをしてふつふつと波打つ程度の弱〜中火で30分煮込む。

3 松前漬けを加え、全体に行き渡るようにやさしく混ぜる。

4 塩で味をととのえる。鍋全体をゆっくり混ぜて火を止め、ふたをして5分蒸らす。

5 器に盛り、ごま、小ねぎを散らす。

「お疲れわたし」の慰労会
帆立づくし粥

（**材料**）茶碗2杯分

帆立水煮缶（フレーク）… 1缶（65g）
生帆立貝柱 … 2〜6個
米 … ½合（約75g）
ごま油 … 小さじ1
水 … 約800㎖
塩 … 小さじ½
〈トッピング〉
| おろししょうが、小ねぎの小口
| 切り、黒こしょう … 各適量

（**作り方**）

1 鍋に洗った米、帆立水煮を入れ、ごま油を絡める。

2 帆立缶の缶汁と水を加える。このとき缶汁と水を合わせて800㎖になるように調節する。具材のかたよりがないようにならして、ふたをせずに中〜強火にかける。

3 沸騰してきたら、鍋底から米粒をはがすように玉じゃくしでゆっくり混ぜる。鍋に菜箸を渡し、ふたをしてふつふつと波打つ程度の弱〜中火で30分煮込む。

4 さっとアクをすくい取り、塩で味をととのえる。

5 帆立貝柱を加え、鍋全体をゆっくり混ぜながら貝柱の表面に火を通す。全体が白っぽく色づいたら火を止める。

6 器に盛り、しょうが、小ねぎをのせ、黒こしょうをふる。

2/22

塩麹粥

五臓六腑にしみわたる

作り方

1. 鍋によく洗った米、水を入れて、ふたをせずに中火にかける。

2. 沸騰してきたら、鍋底から米粒をはがすように玉じゃくしでゆっくり混ぜる。鍋に菜箸を渡し、ふたをして弱火で30分煮込む。

3. 塩麹、塩を加えて味をととのえる。鍋全体をゆっくり混ぜて火を止め、ふたをして5分蒸らす。

4. 器に盛り、ごまをふる。

材料　茶碗2杯分

塩麹 … 小さじ1
米 … ½合 (約75g)
水 … 700㎖
塩 … 小さじ⅓
〈トッピング〉
│ 黒いりごま … 適量

＊塩麹によって塩分が異なるので、分量は様子を見ながら調節してください。

COLUMN

おかゆは引き算の料理

おかゆの面白みのひとつに、いわゆる「具だくさん」にするとぼやーっと中庸な味になることがあります。「トマトセロリじゃがいも粥」よりも、「トマト粥」「セロリ粥」「じゃがいも粥」のほうが断然おいしいのです！ 具材は1〜2種を基本に、トッピングで華やかに。塩は食材の旨味を引き立てる自然塩がおすすめです。

勝負の日はハズレなしの一皿で

おかかチーズ粥

（材料）　茶碗1杯分

白粥 … 茶碗1杯分
＊作り方はP13参照
〈おかか〉
│ 削りかつお … ½〜1パック
│ 砂糖、しょうゆ … 各適量
〈トッピング〉
│ カッテージチーズ、
│ 黒こしょう … 各適量

（作り方）

1　おかかを作る。削りかつおに砂糖を混ぜ、しょうゆを少量ずつ加え、まとまりが出るまで混ぜる。

2　白粥を温める。

3　器に盛り、おかか、チーズの順に盛りつけ、たっぷりと黒こしょうをかける。

＊生こしょうの塩漬けのトッピングもおすすめです。

えのきでかさ増し!?

えのき帆立粥

（材料）　茶碗2杯分

帆立水煮缶（フレーク）
　 … 1缶（65g）
えのきだけ … ¼株
米 … ½合（約75g）
水 … 約700㎖
塩 … 小さじ½
〈トッピング〉
│ 小ねぎの小口切り、クミン
│ … 各適宜

（作り方）

1　鍋によく洗った米、帆立水煮を缶汁ごとと水を入れて中火にかける。このとき水は缶汁と合わせて700㎖になるように調節する。

2　沸騰してきたら、鍋底から米粒をはがすように玉じゃくしでゆっくり混ぜる。鍋に菜箸を渡し、ふたをして弱火で25分煮込む。

3　さっとアクをすくい取り、食べやすい大きさに切ったえのきを加える。再び菜箸を渡し、ふたをして、さらに弱火で5分煮る。

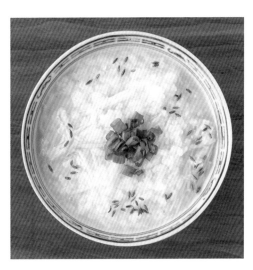

4　塩で味をととのえる。鍋全体をゆっくり混ぜて火を止め、ふたをして5分蒸らす。

5　器に盛り、好みで小ねぎ、クミンを散らす。

＊ほかにトッピングには黒こしょう、しょうゆ、みそ、ゆずこしょう、オリーブオイル、バター、コーンなどがおすすめです。

ミルク粥

ぐっと冷える春時雨の朝に

（材料） 茶碗2杯分

牛乳 … 300㎖
米 … ½合（約75g）
水 … 500㎖
塩 … 小さじ1
〈トッピング〉
　刻みパセリ、黒こしょう
　　… 各適宜

＊牛乳は豆乳に置き換えても。牛乳
　くらいのとろみに薄めれば、同じ
　作り方でOKです。

（作り方）

1　深さのある鍋に洗った米、水を入れ、ふたをせずに中火にかける。牛乳は冷蔵庫から出して計量し、常温に置く。

2　沸騰してきたら、鍋底から米粒をはがすように玉じゃくしでゆっくり混ぜる。鍋に菜箸を渡し、ふたをして弱火で25分煮込む。

3　牛乳を加えてゆっくり混ぜ、一度中火にする。表面がふつふつしてきたら、再び菜箸を渡してふたをし、ごく弱〜弱火にして10分煮る。

4　さっと膜をすくい取り、塩で味をととのえる。ふたをして5分蒸らす。

5　器に盛り、好みでパセリ、黒こしょうをふる。

濃厚牡蠣粥

三寒四温の養生粥

（材料） 茶碗2杯分

牡蠣ペースト … 大さじ2
白粥 … 茶碗2杯分
＊作り方はP13参照
塩 … 小さじ½〜
〈トッピング〉
　牡蠣ペースト、
　　おろししょうが、みつば
　　… 各適宜

（作り方）

1　白粥を温める。

2　牡蠣ペーストを混ぜ込み、塩で味をととのえる。

3　器に盛り、好みで牡蠣ペースト、しょうが、みつばを添える。

＊濃厚牡蠣ペーストは、牡蠣をよく洗い水けを拭きとり、鍋で酒と一緒に中火にかけ、煮詰め、ブレンダーでペースト状にしたものです。牡蠣100gに対して料理酒大さじ1を目安に。

2月

（**材料**）　茶碗2杯分

にんじん … 小2本
米 … ½合（約75g）
バター … ひとかけ（10g）
ローリエ … 1枚
水 … 800㎖
塩 … 小さじ1
〈トッピング〉
　パセリ、黒こしょう
　…各適量

（**作り方**）

1　鍋によく洗った米、バター、ローリエ、へたを切り落としたにんじん、水を入れる。ふたをせずに中火にかける。

2　白い泡が立ってきたら、鍋底から米粒をはがすように玉じゃくしでゆっくり混ぜる。鍋に菜箸を渡し、ふたをして弱火で30分煮込む。

3　ローリエを取り出し、塩で味をととのえる。鍋全体をゆっくり混ぜて火を止め、ふたをして5分蒸らす。

4　器に盛り、パセリを添え、黒こしょうをふる。

（**材料**）　えびせん2～3枚分

たまご粥 … 茶碗1杯分
＊作り方はP15参照
えびせんべい … 2～3枚
ソース、マヨネーズ … 各適量
〈トッピング〉
　揚げ玉、青のり … 各適量

（**作り方**）

1　たまご粥を温める。

2　皿にえびせんを置き、ソース、マヨネーズをかける。たまご粥をのせる。

3　揚げ玉、青のりを散らす。

（COLUMN）

おかゆにおせんべい、アリなのです

お茶漬けのあられのように、汁けのある米料理とおせんべいの相性は抜群！　えびせんのほか、ポテトチップス（2月12日）や柿の種（5月15日）、トルティーヤ（8月16日）などもトッピングに最適。おかゆを米のスープと捉えると、クルトン的なカリカリアクセントが合うことにも、納得感があるはず。ぜひお試しあれ！

スナップえんどう粥

春を待ちわびる旬のシャキシャキ

3月

<hr>

作り方

1. スナップえんどうは筋を取り、洗って水気を
   きり、塩少々（分量外）をもみ込む。

2. 鍋に洗った米、水を入れる。具材のかたより
   がないようにならして、ふたをせずに中〜
   強火にかける。

3. 沸騰してきたら、鍋底から米粒をはがすよう
   に玉じゃくしでゆっくり混ぜる。鍋に菜箸を
   渡し、ふたをしてふつふつと波打つ程度の弱
   〜中火で27分煮込む。

4. スナップえんどうを加え、再び菜箸を渡して
   ふたをし、さらに3分煮る。

5. さっとアクをすくい取り、味をみて塩を加え
   る。鍋全体をゆっくり混ぜて火を止め、ふた
   をして5分蒸らす。

6. 器に盛り、桜の塩漬けを飾る。

材料 茶碗2杯分

スナップえんどう … 10本
米 … ½合（約75g）
水 … 750㎖
塩 … 小さじ½〜
〈トッピング〉
　桜の塩漬け（塩抜きをした
　もの）… 2枝ぐらい

にょきにょき新芽の
かいわれ粥

(材料) 茶碗1杯分

かいわれ大根 … 適量
白粥 … 茶碗1杯分
＊作り方はP13参照
〈トッピング〉
｜ 塩麹 … 少々

(作り方)

1 かいわれ大根は根を切る。

2 白粥を温めて器に盛る。

3 塩麹をのせ、かいわれ大根を盛る。

＊おかゆからかいわれ大根が発芽する
　ように盛りつけるとかわいいです。

こってりにサクサクの彩りを
ひなあられのせ豆乳粥

(材料) 茶碗2杯分

豆乳（無調整）… 300㎖
米 … ½合（約75g）
水 … 500㎖
塩 … 小さじ⅓
ひなあられ … 適量
〈トッピング〉
｜ ゆずこしょう … 適量

＊粘度の高い豆乳は水で薄めて牛乳と
　同じくらいのとろみにします。

(作り方)

1 鍋に洗った米、水を入れる。かたよりがな
いようにならして、ふたをせずに中〜強火
にかける。豆乳は冷蔵庫から出して計量し、
常温に置く。

2 沸騰してきたら、鍋底から米粒をはがすよ
うに玉じゃくしでゆっくり混ぜる。鍋に菜
箸を渡し、ふたをしてふつふつと波打つ程
度の弱〜中火で20分煮込む。

3 豆乳を加えてゆっくり混ぜ、一度中火にす
る。表面がふつふつしてきたら、再び菜箸
を渡してふたをし、ごく弱火で10分煮る。

4 さっと膜をすくい取り、塩で味をととのえ
る。鍋全体をゆっくり混ぜて火を止め、ふ
たをして5分蒸らす。

5 器に盛り、ひなあられをのせ、ゆずこしょ
うを添える。

＊お好みで砂糖を添えても。

（作り方）

1 鍋によく洗った米、水を入れる。かたよりがないようにならして、ふたをせずに中〜強火にかける。

2 鍋の様子を見ながら、ホタルイカの下ごしらえをする。食感をよくするためにホタルイカの目は取り除く。

3 沸騰してきたら、鍋底から米粒をはがすように玉じゃくしでゆっくり混ぜる。鍋に菜箸を渡し、ふたをしてふつふつと波打つ程度の弱〜中火で25分煮込む。

4 ホタルイカ、しょうがを加え、再び菜箸を渡してふたをし、さらに5分煮る。

5 さっとアクをすくい取り、塩で味をととのえる。鍋全体をゆっくり混ぜて火を止め、ふたをして5分蒸らす。

6 器に盛り、さけるチーズ、パセリを散らす。

（材料）　茶碗2杯分

ホタルイカ（ボイル）　… 50g
米 … ½合（約75g）
水 … 700㎖
おろししょうが … 小さじ1
塩 … 小さじ½
〈トッピング〉
　さけるチーズ、刻みパセリ
　… 各適量

（材料）　茶碗2杯分

もち麦　　　　　〈トッピング〉
　… 大さじ2（約25g）　釜あげ小えび、
米 … ½合（約75g）　　青じそのせん切り、
水 … 700㎖　　　　　白いりごま
塩 … 小さじ⅓　　　　… 各適量

（作り方）

1 鍋によく洗った米、もち麦、水を入れる。

POINT 米½合に対して、もち麦大さじ2。つまり「米：もち麦＝3：1」。おかゆにする場合、このくらいの比率が多すぎず少なすぎず、ちょうどよいバランスでおすすめ。

2 ふつふつと沸くまでふたをせずに中〜強火にかける。

3 沸騰してきたら、鍋底から米粒をはがすように玉じゃくしでゆっくり混ぜる。鍋に菜箸を渡し、ふたをしてふつふつと波打つ程度の弱〜中火で30分煮込む。

POINT もち麦は吸水率がよいため、鍋底に張りつきやすいので、この工程でしっかりと鍋底からはがすように混ぜておくと、焦げつきを予防することができる。

4 塩で味をととのえる。鍋全体をゆっくり混ぜて、火を止め、ふたをして5分蒸らす。

5 器に盛り、小えびをのせ、青じそ、白ごまを添える。

旬モノは身体にしっくり

アスパラと桜えびのおかゆ

（**材料**） 茶碗2杯分

グリーンアスパラガス … 3〜5本
桜えび … ひとつまみ
米 … ½合（約75g）
水 … 750㎖
塩 … 小さじ½
〈トッピング〉
生こしょうの塩漬け … 少々

（**作り方**）

1 鍋に洗った米、桜えび、水を入れる。具材のかたよりがないようにならして、ふたをせずに中〜強火にかける。

2 鍋の様子を見ながら、アスパラの下ごしらえをする。アスパラの茎は1㎝幅に、穂先は長めに切る。

3 沸騰してきたら、鍋底から米粒をはがすように玉じゃくしでゆっくり混ぜる。鍋に菜箸を渡し、ふたをしてふつふつと波打つ程度の弱〜中火で25分煮込む。

4 アスパラを加え、再び菜箸を渡してふたをし、さらに5分煮る。

5 さっとアクをすくい取り、塩で味をととのえる。鍋全体をゆっくり混ぜて火を止め、ふたをして5分蒸らす

6 器に盛り、生こしょうをトッピングする。

タイのココナッツ鶏スープをアレンジ！

トムカーガイ風粥

（**材料**） 茶碗2杯分

鶏もも肉 … 100g
米 … ½合（約75g）
水 … 500㎖
しめじ … 50g
しょうが … 1かけ
ココナッツミルク … 200㎖
ナンプラー … 小さじ1
レモン汁 … 小さじ½
塩 … 小さじ½
〈トッピング〉
パクチー、黒こしょう、パプリカ … 各適量

＊ミニトマトや、ゆでたヤングコーンもおすすめ♪

（**作り方**）

1 鍋に洗った米、水を入れる。かたよりがないようにならして、ふたをせずに中〜強火にかける。

2 この間に具材の下ごしらえをする。鶏肉は一口大に切り、塩、こしょう各少々（分量外）をもみ込む。しめじは石づきを取ってばらし、しょうがはせん切りにする。

3 沸騰してきたら、鍋底から米粒をはがすように玉じゃくしでゆっくり混ぜる。鍋に菜箸を渡し、ふたをしてふつふつと波打つ程度の弱〜中火で20分煮込む。

4 鶏肉、しめじ、しょうが、ココナッツミルクを加えて混ぜる。

（**POINT**） あればコブミカンの葉を入れるとよい。

5 鍋に再び菜箸を渡してふたをし、さらに10分煮る。

6 さっとアクをすくい取り、ナンプラー、レモン汁、塩で味をととのえる。鍋全体をゆっくり混ぜて火を止め、ふたをして5分蒸らす。

7 器に盛り、パクチー、黒こしょう、小さく切ったパプリカをトッピングする。

＊ココナッツミルクは商品によって濃度などが違うため、目安として牛乳程度のとろみになるように水で薄めた200g分を使用します。

3月

甘い香りでリラックス

セロリの塩漬け粥

作り方

1 セロリの塩漬けは細かく刻む。

2 鍋に洗った米、**1**、水を入れる。具材のかたよりがないようにならして、ふたをせずに中〜強火にかける。

3 沸騰してきたら、鍋底から米粒をはがすように玉じゃくしでゆっくり混ぜる。鍋に菜箸を渡し、ふたをしてふつふつと波打つ程度の弱〜中火で30分煮込む。

4 さっとアクをすくい取り、塩で味をととのえる。鍋全体をゆっくり混ぜて火を止め、ふたをして5分蒸らす。

5 器に盛り、好みで生のセロリの葉と茎を添える。

＊塩漬けによって塩気が違うので、必ず味見をしてから調味を。

材料　茶碗2杯分

セロリの塩漬け（市販品）
　… 10〜30g
米 … ½合（約75g）
水 … 700㎖
塩 … 少々
〈トッピング〉
｜ セロリの葉と茎 … 適宜

疲れ目ケアに

干しにんじん粥

（ 材料 ） 茶碗2杯分

干しにんじん … 5g
米 … ½合（約75g）
水 … 750㎖
塩 … 小さじ⅓
〈トッピング〉
　塩昆布 … 適量

（ 作り方 ）

1 鍋に洗った米、干しにんじん、水を入れる。具材のかたよりがないようにならして、ふたをせずに中〜強火にかける。

2 沸騰してきたら、鍋底から米粒をはがすように玉じゃくしでゆっくり混ぜる。鍋に菜箸を渡し、ふたをしてふつふつと波打つ程度の弱〜中火で30分煮込む。

3 塩で味をととのえる。鍋全体をゆっくり混ぜて火を止め、ふたをして5分蒸らす。

4 器に盛り、塩昆布をのせる。

3/10

鼻詰まりの時期はたっぷりハーブで

バジルチーズ粥

（ 材料 ） 茶碗2杯分

バジルの葉 … 5〜10枚
溶けるチーズ … 適量
米 … ½合（約75g）
ローリエ … 1枚
水 … 700㎖
塩 … 小さじ½
〈トッピング〉
　ミニトマト、バジルの葉、
　黒こしょう、オリーブオイル
　… 各適宜
＊バジル、チーズの量はお好みで調節を。

（ 作り方 ）

1 鍋によく洗った米、ローリエ、水を入れて、ふたをせずに中〜強火にかける。

2 沸騰してきたら、鍋底から米粒をはがすように玉じゃくしでゆっくり混ぜる。鍋に菜箸を渡し、ふたをしてふつふつと波打つ程度の弱〜中火で30分煮込む。

3 ローリエを取り出し、塩で味をととのえる。鍋全体をゆっくり混ぜて火を止め、ふたをして5分蒸らす。

4 バジルは刻み、おかゆに混ぜ込む。

5 器の底にチーズを敷き、その上に 4 を盛り、好みで薄く切ったミニトマト、バジルの葉をのせ、黒こしょうをふり、オリーブオイルをたらす。

3
月

指先までぽっかぽか

ラムバター粥

作り方

1. 鍋によく洗った米、水を入れて、ふたをせずに中〜強火にかける。

2. 沸騰してきたら、鍋底から米粒をはがすように玉じゃくしでゆっくり混ぜる。鍋に菜箸を渡し、ふたをしてふつふつと波打つ程度の弱〜中火で20分煮込む。

3. ラム肉は手で広げるようにして鍋に加える。バター、おろししょうがを加え、再び菜箸を渡してふたをし、さらに10分煮る。

4. さっとアクをすくい取り、塩で味をととのえる。鍋全体をゆっくり混ぜて火を止め、ふたをして5分蒸らす。

5. 器に盛り、オニオンスライス、パセリ、クミンをトッピングする。

材料　茶碗2杯分

ラム薄切り肉 … 100g
バター… 1かけ (10g)
米 … ½合 (約75g)
水 … 700ml
おろししょうが … 小さじ1
塩 … 小さじ1
〈トッピング〉
　オニオンスライス、パセリ、
　　クミン … 各適量

（**材料**）茶碗2杯分

桜の塩漬け … 1～2枝
もち米 … 100g
水 … 700㎖
塩 … 小さじ⅓

＊もち米ではなく、通常のうるち米を
　使う場合は、½合（75g）で。
＊あんこ、黒ごま、焼きもち、きなこ、
　抹茶パウダー、練乳、黒みつなどの
　トッピングもおすすめです。

（**作り方**）

1 鍋にさっと洗ったもち米、水
を入れて、ふたをせずに中～強火にかける。

2 この間に桜の塩漬けはさっとすすぎ、水大
さじ2（分量外）に浸しておく。

3 沸騰してきたら、鍋底から米粒をはがすよ
うに玉じゃくしでゆっくり混ぜる。鍋に菜
箸を渡し、ふたをしてふつふつと波打つ程
度の弱～中火で30分煮込む。

POINT もち米は鍋底にくっつ
きやすいため、途中で
1～2度かき混ぜる。

4 桜の塩漬けのもどし汁、塩で味をと
とのえる。鍋全体をゆっくり混ぜて
火を止め、ふたをして5分蒸らす。

5 器に盛り、桜の塩漬けを飾る。

思わずうっとり　もち米の桜粥

3/12

（**材料**）茶碗2杯分

はと麦 … 大さじ2（約30g）
トマト … 1個
米 … ½合（約75g）
水 … 750㎖
塩 … 小さじ⅓～
〈トッピング〉
　セロリの塩漬け、ヨーグルト
　（無糖）、黒こしょう … 各適宜

（**作り方**）

1 はと麦はたっぷりの水（分量
外）に一晩浸しておく。

2 鍋に洗った米、水気をきった
はと麦、水を入れる。具材のかたよりが
ないようにならして、ふたをせずに中～
強火にかける。

3 沸騰してきたら、鍋底から米粒をはがす
ように玉じゃくしでゆっくり混ぜる。鍋
に菜箸を渡し、ふたをしてふつふつと波
打つ程度の弱～中火で20分煮込む。

4 トマトを1cm角に切って加え、再び菜
箸を渡してふたをし、さらに10分煮る。

5 さっとアクをすくい取り、塩で味をと
とのえる。鍋全体をゆっくり混ぜて火
を止め、ふたをして5分蒸らす。

6 器に盛り、好みでセロリの塩漬け、ヨ
ーグルトをのせ、黒こしょうをふる。

ほてりサヨナラむくみバイバイ　はと麦トマト粥

3/13

白粥&ゆかりの2色粥

花粉のモヤモヤを香りで散らそ

材料 茶碗1杯分

白粥 … 茶碗1杯分
＊作り方はP13参照
ゆかり（市販品） … 小さじ¼〜

作り方

1 白粥を温める。器を傾け白粥の半量を器に盛る。

2 残りの白粥にゆかりを混ぜ込み、1の空いた部分に盛る。

＊トッピングは好みのものを。写真のわさびの新芽などのゆで野菜のほか、梅干しや昆布の佃煮などもおすすめです！

よもぎ粥

さすが薬草！新陳代謝爆上がり

材料 茶碗2杯分

よもぎ … 約100g
＊使用するのはゆでよもぎ小さじ1
米 … ½合（約75g）
水 … 650㎖
塩 … 小さじ⅓
〈トッピング〉
│ ゆでよもぎ … 適量

作り方

1 鍋によく洗った米、水を入れる。かたよりがないようにならして、ふたをせずに中〜強火にかける。

2 沸騰してきたら、鍋底から米粒をはがすように玉じゃくしでゆっくり混ぜる。鍋に菜箸を渡し、ふたをしてふつふつと波打つ程度の弱〜中火で30分煮込む。

3 鍋の様子を見ながらよもぎの下ごしらえをする。別の鍋に水約1000㎖（分量外）を入れ、火にかけておく。よもぎは茎を取り除き、葉をよく洗う。鍋が沸騰したらよもぎを入れ、塩小さじ1（分量外）、アクが気になる場合は重曹を小さじ1ほど（分量外）入れ、2〜3分湯がく。火を止め、ふたをして5〜10分ほど蒸らし、流水でよく洗う。水気を絞り、小さく刻む。

4 おかゆができたら、3のゆでよもぎ小さじ1を加え、塩で味をととのえる。鍋全体をゆっくり混ぜて火を止め、ふたをして5分蒸らす。

5 器に盛りつけ、トッピング用のゆでよもぎをのせる。

＊トッピングはほかに塩昆布やのりの佃煮、または砂糖やきなこをかけて草餅風にするのもおすすめです！
＊ゆでよもぎの残りは小分けにして冷凍庫で約1週間保存できます。

骨ごとまるっと高たんぱく
レモン鶏軟骨粥

鶏軟骨 … 約100g
レモン … 1個
米 … ½合(約75g)
おろししょうが … 小さじ1
水 … 750ml
塩 … 小さじ1
〈トッピング〉
│ 黒こしょう … 適量

作り方

1 鶏軟骨に塩、こしょう各少々(分量外)をもみ込む。冷蔵庫で1時間以上寝かせる。

2 鍋によく洗った米、水気を拭いた鶏軟骨、しょうが、水を入れて、ふたをせずに中～強火にかける。

3 沸騰してきたら、鍋底から米粒をはがすように玉じゃくしでゆっくり混ぜる。鍋に菜箸を渡し、ふたをしてふつふつと波打つ程度の弱～中火で30分煮込む。

4 さっとアクをすくい取り、塩で味をととのえる。鍋全体をゆっくり混ぜたら、火を止め、ふたをして5分蒸らす。

5 器に、輪切りにしたレモンを盛り合わせ、黒こしょうをふる。

*大根おろし、ポン酢しょうゆ、ゆずの皮、粒マスタードなどをトッピングするのもおすすめ。

スモークサーモン粥

スモーキーなハイカラ鮭粥

（材料） 茶碗2杯分

スモークサーモン … 2〜3枚
米 … ½合（約75g）
水 … 700㎖
塩 … 小さじ½
〈トッピング〉
　ディル、サワークリーム、
　黒こしょう … 各適量

（作り方）

1 鍋によく洗った米、水を入れ、ふたをせずに中〜強火にかける。

2 沸騰してきたら、鍋底から米粒をはがすように玉じゃくしでゆっくり混ぜる。鍋に菜箸を渡し、ふたをしてふつふつと波打つ程度の弱〜中火で30分煮込む。

3 塩で味をととのえる。鍋全体をゆっくり混ぜて火を止める。

4 スモークサーモンをおかゆの上に並べ、ふたをして5分蒸らす。

5 器に盛り、ディル、サワークリームを添え、黒こしょうをふる。

生グリーンピース粥

冷凍モノとは別格の甘み

（材料） 茶碗2杯分

生グリーンピース（むいたもの）
　… 30g
米 … ½合（約75g）
水 … 700㎖
塩 … 小さじ½

＊グリーンピースは30gだと水気が残ってとろりとしたおかゆに。50gにすると豆が水分を吸うのでもっちりした仕上がりになります。

（作り方）

1 鍋によく洗った米、水を入れる。かたよりがないようにならして、ふたをせずに中〜強火にかける。

2 沸騰してきたら、鍋底から米粒をはがすように玉じゃくしでゆっくり混ぜる。鍋に菜箸を渡し、ふたをしてふつふつと波打つ程度の弱〜中火で20分煮込む。

3 グリーンピースは塩適量（分量外）を絡める。鍋に加え、再び菜箸を渡してふたをし、さらに10分煮る。

4 さっとアクをすくい取り、塩で味をととのえる。鍋全体をゆっくり混ぜて火を止め、ふたをして5分蒸らし、器に盛る。

みぞれあんかけ粥

のどのイガイガに先手必勝

（ 材料 ） 茶碗2杯分

大根 … ¼本
白粥 … 茶碗2杯分
＊作り方はP13参照
〈あん〉
| だし汁 … 300㎖
| しょうゆ … 大さじ2
| 酒 … 大さじ2
| みりん … 大さじ2
| 砂糖 … 小さじ1
〈とろみ〉
| 片栗粉、水 … 各大さじ1
〈トッピング〉
| 七味唐辛子 … 適宜

3月

（ 作り方 ）

1 大根はすりおろす。とろみの材料は器に入れ、混ぜておく。

2 鍋にあんの材料を入れ、煮立てる。

3 大根おろしを汁ごと加え、再び煮立てる。

4 とろみの水溶き片栗粉を少量ずつ加え、混ぜながら煮てとろみをつける。

5 白粥を温めて器に盛り、**4** のみぞれあんをかける。

6 好みで七味唐辛子をふる。

（ 材料 ） 茶碗2杯分

若ごぼう（葉ごぼう）の茎
　… 約1本（70g）
米 … ½合（約75g）
水 … 700㎖
塩 … 小さじ⅓〜
〈トッピング〉
| 若ごぼうの葉のごまあえ、
| ゆでごぼう … 各適宜

若ごぼう粥

オトナな春粥

（ 作り方 ）

1 若ごぼうは薄切りにして、水にさらしておく。

2 鍋に洗った米、水を入れる。かたよりがないようにならして、ふたをせずに中〜強火にかける。

3 沸騰してきたら、鍋底から米粒をはがすように玉じゃくしでゆっくり混ぜる。鍋に菜箸を渡し、ふたをしてふつふつと波打つ程度の弱〜中火で20分煮込む。

4 水気をきった若ごぼうを加え、再び菜箸を渡してふたをし、さらに10分煮る。

5 アクをすくい取り、塩で味をととのえる。鍋全体をゆっくり混ぜて火を止め、ふたをして5分蒸らす。

6 器に盛り、好みで若ごぼうの葉のごまあえ、ゆでごぼうを添える。

＊若ごぼうは大阪・八尾市を中心に栽培されている葉ごぼうです。

韓国でも愛されるアンチエイジング粥

黒ごま粥

材料 茶碗2杯分

黒すりごま … 大さじ2
米 … ½合（約75g）
水 … 700mℓ
塩 … 小さじ⅓
〈トッピング〉
| クコの実（水でもどしたもの）… 適量

作り方

1 鍋によく洗った米、水を入れる。かたよりがないように鍋底をならして、ふたをせずに中〜強火にかける。

2 すりごまは器に入れ、水大さじ2（分量外）を加えて混ぜ、水を吸わせる。

3 沸騰してきたら、鍋底から米粒をはがすように玉じゃくしでゆっくり混ぜる。鍋に菜箸を渡し、ふたをしてふつふつと波打つ程度の弱〜中火で30分煮込む。

4 2を加えてよく混ぜ、塩で味をととのえる。鍋全体をゆっくり混ぜて火を止め、ふたをして5分蒸らす。

5 器に盛り、クコの実を飾る。

＊お好みで砂糖をかけたり、キムチを添えて召し上がれ。

台湾朝食をさらに腹持ち良く

台湾風豆乳粥（鹹豆漿風粥）

材料 茶碗2杯分

豆乳（無調整）… 300mℓ
米 … ½合（約75g）
鶏だし汁（鶏ガラスープの素小さじ1＋水）… 600mℓ
しょうゆ … 小さじ1
塩 … 少々
酢 … 小さじ1〜
〈トッピング〉
| パクチー、麩（仙台麩）、小ねぎの小口切り、桜えび、ラー油 … 各適量
| 黒酢 … 適宜

＊台湾の揚げパン・油条風に仙台麩や焼き油揚げのトッピングがおすすめです！

作り方

1 鍋に洗った米、鶏だし汁を入れ、かたよりがないようにならして、ふたをせずに中〜強火にかける。

2 沸騰してきたら、鍋底から米粒をはがすように玉じゃくしでゆっくり混ぜる。鍋に菜箸を渡し、ふたをしてふつふつと波打つ程度の弱〜中火で30分煮込む。

3 火を強め、豆乳を加えて全体を混ぜる。しょうゆ、塩で味をととのえる。

4 火を止め、酢を加えて全体を混ぜてとろみをなじませる。

5 器に盛り、パクチー、麩、小ねぎ、桜えびをのせてラー油をかけ、好みで黒酢をかける。

ぎゅっと詰まった旨味に感動

切り干し大根粥

3月

作り方

1 切り干し大根はさっとすすぐ。長ければキッチンバサミでカットする。

2 鍋に洗った米、切り干し大根を入れ、ごま油を絡めて水を加える。具材のかたよりがないようにならして、ふたをせずに中〜強火にかける。

3 沸騰してきたら、鍋底から米粒をはがすように玉じゃくしでゆっくり混ぜる。鍋に菜箸を渡し、ふたをしてふつふつと波打つ程度の弱〜中火で30分煮込む。

4 さっとアクをすくい取り、塩で味をととのえる。鍋全体をゆっくり混ぜて火を止め、ふたをして5分蒸らす。

5 器に盛り、焼き油揚げを添え、ごまをふる。

材料　茶碗2杯分

切り干し大根 … 10g
米 … ½合(約75g)
ごま油 … 小さじ1
水 … 800㎖
塩 … 小さじ½
〈トッピング〉
　焼き油揚げ、白いりごま
　　… 各適量

中華圏のソウルフード

豚ピータン粥（皮蛋痩肉粥）

（作り方）

1 豚肉は一口大に切り、塩、こしょう各少々（分量外）をもみ込む。しょうがはせん切りにする。ピータンは殻のまわりの泥を落とし、殻をむいて角切りにする。

（POINT）ピータンは切ってから時間を置くと香りが落ち着く。

2 鍋によく洗った米、ごま油を入れ、全体を絡めるように混ぜる。水を加えて、ふたをせずに中火にかける。

3 沸騰してきたら、鍋底から米粒をはがすように玉じゃくしでゆっくり混ぜる。鍋に菜箸を渡し、ふたをしてふつふつと波打つ程度の弱〜中火で20分煮込む。

4 豚肉、しょうが、ピータンを加え、再び菜箸を渡してふたをし、さらに弱火で10分煮る。

5 さっとアクをすくい取り、塩で味をととのえる。鍋全体をゆっくり混ぜて火を止め、ふたをして5分蒸らす。

6 器に盛り、小ねぎをのせ、黒こしょうをふる。

＊トッピングにはパクチーや花椒などもおすすめ。

（材料）　茶碗2杯分

豚バラ薄切り肉
　（または豚こま切れ肉）
　… 100g
ピータン … 1個
米 … ½合（約75g）
ごま油 … 小さじ1
水 … 750㎖
しょうが … 1かけ
塩 … 小さじ½〜1
〈トッピング〉
　小ねぎの小口切り、黒こしょう、糸切り唐辛子
　… 各適量

＊しっかり旨味がほしいときは、鶏ガラスープの素小さじ1を加えます。

（材料）　茶碗2杯分

根つきパクチー
　… 適量
米 … ½合（約75g）
水 … 700㎖
塩 … 小さじ½

〈トッピング〉
パクチーの葉と茎、桜えび、カシューナッツ、レモンの輪切り、黒こしょう
… 各適量

（作り方）

1 鍋によく洗った米、水を入れて、ふたをせずに中〜強火にかける。

2 パクチーは根を細かく刻んで鍋に加える。葉と茎の部分はざく切りにしておく。

3 沸騰してきたら、鍋底から米粒をはがすように玉じゃくしでゆっくり混ぜる。鍋に菜箸を渡し、ふたをしてふつふつと波打つ程度の弱〜中火で30分煮込む。

パクチニスト歓喜！

パクチーの根っこ粥

4 塩で味をととのえる。鍋全体をゆっくり混ぜて火を止め、ふたをして5分蒸らす。

5 器に盛り、2のパクチーの葉と茎、桜えび、カシューナッツ、レモンを添え、黒こしょうをふる。

ベビー帆立粥

貝殻をスプーンにしてぱくっ♡

（**材料**）茶碗2杯分

ベビー帆立（帆立稚貝）… 約150g
水 … 800㎖
米 … ½合（約75g）
おろししょうが … 小さじ1
塩 … 小さじ½
〈トッピング〉
｜ レモンの串形切り、わさび菜
｜ … 各適宜

（**作り方**）

1 鍋によく洗った帆立、水を入れ、ふたをせずに中～強火にかける。帆立の口が開いたら取り出す。

2 ゴミやアクをすくい取り、洗った米、おろししょうがを加える。

3 沸騰してきたら、鍋底から米粒をはがすように玉じゃくしでゆっくり混ぜる。鍋に菜箸を渡し、ふたをしてふつふつと波打つ程度の弱～中火で30分煮込む。

4 アクをすくい取り、塩で味をととのえる。鍋全体をゆっくり混ぜて火を止める。

5 帆立をおかゆの上に並べ、ふたをして5分蒸らす。

6 器に盛り、好みでレモン、わさび菜を添える。

（**材料**）茶碗2～3杯分

ほうじ茶ティーバッグ … 1～2個
しょうが … 1かけ
米 … ⅔合（約100g）
水 … 1000㎖
塩 … 小さじ⅓

＊茶葉はお好みで。「食事のときに一緒に飲んでも違和感のないお茶」を目安に選ぶのがポイント。

（**作り方**）

1 深さのある鍋に水を入れて、ふたをせずに強火にかける。この間に米を洗い、しょうがはせん切りにする。

2 沸騰したら米、ティーバッグ、しょうがを加える。再び沸いたら、鍋底から米粒をはがすように玉じゃくしでゆっくり混ぜる。

3 ふたをせずに15分ほど中～強火にかける。ぐるんぐるんとお米を対流で躍らせながら煮込む。

しょうが茶粥

油断すると冷えちゃう春に

POINT お茶の色が濃い目に出たらティーバッグを取り出す。

4 さっとアクをすくい取り、塩で味をととのえる。鍋全体をゆっくり混ぜて火を止め、ふたをして5分蒸らし、器に盛る。

＊お好みで漬物を添えて召し上がれ！

とんぶり粥

栄養満点！畑のキャビア

(材料) 茶碗2杯分

とんぶり … 小さじ2
米 … ½合（約75g）
だし汁 … 700㎖
塩 … 小さじ⅓
〈トッピング〉
　とんぶり、クリームチーズ … 各適量
　しょうゆ … 適宜

＊プチプチ食感が豊かなとんぶりは味が淡白な
　食材。みそ汁のときくらいのしっかりしただ
　し汁にするのがおすすめです。

(作り方)

1 鍋によく洗った米、だし汁を入れ
　る。かたよりがないように鍋底を
　ならして、ふたをせずに中〜強火
　にかける。

2 沸騰してきたら、鍋底から米粒を
　はがすように玉じゃくしでゆっく
　り混ぜる。鍋に菜箸を渡し、ふた
　をしてふつふつと波打つ程度の弱
　〜中火で30分煮込む。

3 塩で味をととのえる。鍋全体をゆっく
　り混ぜて火を止め、ふたをして5分ほ
　ど蒸らす。

4 おかゆにとんぶりを混ぜ込み、器に盛
　る。

5 トッピング用のとんぶり、クリームチーズをのせ、
　好みでしょうゆをかける。

　＊トッピングには納豆、とろろ、いぶりがっこやしらすなどを。
　　いろいろな食材と組み合わせることで、新しいおいしさに出
　　合えます。

ふきみそ豆腐粥

ほろ苦さが春の身体をととのえる

(材料) 茶碗2杯分

豆腐 … 100〜150g
米 … ½合（約75g）
水 … 700㎖
塩 … 小さじ⅓
ふきみそ … 適量

〈トッピング〉
　白いりごま
　　… 適宜

＊豆腐は舌触りの良い「絹」がおすすめです。

(作り方)

1 鍋に洗った米、水を入れる。かた
　よりがないようにならして、ふた
　をせずに中〜強火にかける。

2 豆腐は冷蔵庫から出して常温に置く。

3 沸騰してきたら、鍋底から米粒をは
　がすように玉じゃくしでゆっくり混
　ぜる。鍋に菜箸を渡し、ふたをして
　ふつふつと波打つ程度の弱〜中火で
　20分煮込む。

4 豆腐の水気をきり、手で崩しながら
　加える。再び菜箸を渡し、ふたをし
　てさらに10分煮る。

5 塩で味をととのえる。鍋全体をゆっくり混
　ぜて火を止め、ふたをして5分ほど蒸らす。

6 器に盛り、ふきみそを添え、好みでごまを
　ふる。

ピーラーとろろ粥

この手があったか！お助け道具で

（材料）　茶碗1杯分

長いも … ¼〜½本
白粥 … 茶碗1杯分
＊作り方はP13参照
卵黄 … 1個分
しょうゆ … 適宜

（作り方）

1　長いもは皮をむき、ピーラーで縦に薄く削る。

POINT　フォークで刺して押さえると、すべらなくてラク。

2　白粥をあつあつに温め、器に盛る。

3　長いもをのせ、卵黄を置き、好みでしょうゆをかける。

桜粥の桜餅風

おかゆを包む新発想

（材料）　4個分

桜の塩漬け … 10g
もち米 … ½合（約75g）
水 … 550㎖
桜の葉の塩漬け … 4枚

（作り方）

1　鍋に洗ったもち米、水を入れる。かたよりがないようにならして、ふたをせずに中〜強火にかける。

2　沸騰してきたら、鍋底から米粒をはがすように玉じゃくしでゆっくり混ぜる。鍋に菜箸を渡し、ふたをしてふつふつと波打つ程度の弱〜中火で30分煮込む。

POINT　もち米は吸水性が高いため、煮込み始めてから20分ほどのタイミングで鍋底からはがすように混ぜる。

3　鍋の様子を見ながら、桜の塩漬けをさっとすすぎ、水大さじ2（分量外）に浸し、細かく刻む。桜の葉も水に浸けて塩抜きをしておく。

4　おかゆが炊き上がったら、桜の塩漬けと漬け汁を鍋に加え、全体をゆっくり混ぜて火を止め、ふたをして5分蒸らす。

5　桜の葉を広げ、4 のおかゆをのせ、桜餅のようにはさむ。

花冷えの朝に

鮭のせ酒粕粥

（材料）茶碗2杯分

酒粕 … 40g
米 … ½合（約75g）
水 … 700㎖
塩 … 小さじ½
〈トッピング〉
　焼き鮭のほぐし身 … 適量
　木の芽、みそ、粉山椒 … 各適量

（作り方）

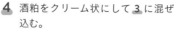

1 酒粕は小皿に入れ、少量の湯（分量外）を注ぎ、やわらかくする。

2 鍋によく洗った米、水を入れる。かたよりがないようにならして、ふたをせずに中〜強火にかける。

3 沸騰してきたら、鍋底から米粒をはがすように玉じゃくしでゆっくり混ぜる。鍋に菜箸を渡し、ふたをしてふつふつと波打つ程度の弱〜中火で30分煮込む。

4 酒粕をクリーム状にして **3** に混ぜ込む。

5 塩で味をととのえる。鍋全体をゆっくり混ぜて火を止め、ふたをして5分蒸らす。

6 器に盛り、焼き鮭のほぐし身をのせ、木の芽を飾り、みそを添え粉山椒をふる。

＊塩を減らし、砂糖やジャムを添える「甘い系」もおすすめ。

初物は縁起物

そらまめ粥

（材料）茶碗2杯分

そら豆 … 1袋（さやで6〜10本）
米 … ½合（約75g）
水 … 700㎖
塩 … 小さじ½
〈トッピング〉
　食用菊 … 適量

（作り方）

1 鍋によく洗った米、水を入れる。かたよりがないようにならして、ふたをせずに中〜強火にかける。

2 沸騰してきたら、鍋底から米粒をはがすように玉じゃくしでゆっくり混ぜる。鍋に菜箸を渡し、ふたをしてふつふつと波打つ程度の弱〜中火で25分煮込む。

3 鍋の様子を見ながら、そら豆の下ごしらえをする。さやから豆を取り出し、薄皮をむく。

4 煮込んだらそら豆を加え、再び菜箸を渡してふたをし、弱火でさらに5分煮る。

5 さっとアクをすくい取り、塩で味をととのえる。鍋全体をゆっくり混ぜて火を止め、ふたをして5分蒸らす。

6 器に盛り、食用菊を散らす。

ほんのり洋のおしゃれ白粥

ローリエ粥

4月

作り方

1 鍋に洗った米、ローリエ、水を入れる。かたよりがないようにならして、ふたをせずに中〜強火にかける。

2 沸騰してきたら、鍋底から米粒をはがすように玉じゃくしでゆっくり混ぜる。鍋に菜箸を渡し、ふたをしてふつふつと波打つ程度の弱〜中火で30分煮込む。

3 ローリエを取り出し、塩で味をととのえる。鍋全体をゆっくり混ぜて火を止め、ふたをして5分蒸らす。

4 器に盛り、好みでセロリの塩漬けやパセリを添え、黒こしょうをふる。

材料 茶碗2杯分

ローリエ … 1〜2枚
米 … ½合（約75g）
水 … 700㎖
塩 … 小さじ⅓

〈トッピング〉
セロリの塩漬け、
刻みパセリ、
黒こしょう …
各適宜

COLUMN

代謝アップに黒こしょう

従来の療養食的なおかゆは、おだやかさや刺激のなさが重要でした。しかし、日々のたのしみのおかゆでは、カリッとした食感やピリッとした刺激など、おかゆに表情をつけてくれるアクセント食材が大活躍！ 中でも、一振りでお料理の雰囲気を変えてくれる黒こしょうは、おかゆライフに欠かせないスパイスです。黒こしょうには消化促進効果や、血行促進効果、脳を活性化する作用があるのだとか。代謝を上げたいボディメイク中にもぴったりの食材です。ただし、パワフルな食材であるため、胃腸が弱っているときには避け、取り過ぎは要注意。自分の身体の調子に合わせた加減の練習、練習。

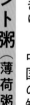
すっきり！ 中国の知恵

ミント粥（薄荷粥）

（材料） 茶碗2杯分

ミントの葉 … ひとつかみ　　塩 … 小さじ⅓
もち米 … ½合（約75g）　　水 … 900㎖

（作り方）

1　鍋に洗ったもち米、水を入れてふたを
　　せずに火にかける。ミントの葉は大き
　　ければちぎる。

2　沸騰してきたら、鍋底から米粒をはが
　　すように玉じゃくしでゆっくり混ぜ、
　　弱火で30分煮込む。

POINT もち米は吸水性がよく、鍋の底
　　　にこびりつきやすいため、途
　　　中1～2回混ぜるとGOOD。そ
　　　の際も米粒がつぶれないように、
　　　そ～っと混ぜる。

3　塩で味をととのえる。鍋全体をゆっくり混
　　ぜて火を止め、ふたをして5分蒸らす。

4　ミントの葉を混ぜ込み、器に盛る。

4 / 5

はんなり上品

はまぐり粥

（材料） 茶碗2杯分

はまぐり（砂抜きした　　塩 … 小さじ½
　もの）… 大4個　　　〈トッピング〉
米 … ½合（約75g）　　刻みみつば
水 … 800㎖　　　　　　　… 適宜

（作り方）

1　鍋に洗った米、はまぐり、水を入れる。
　　具材のかたよりがないように鍋底をな
　　らして、ふたをせずに中～強火にかけ
　　る。

2　はまぐりの口が開いたら取り出す。

3　さっとアクをすくい取り、鍋底から米粒を
　　はがすように玉じゃくしでゆっくり混ぜる。
　　鍋に菜箸を渡してふたをし、ふつふつと波
　　打つ程度の弱～中火で30分煮込む。

4　塩で味をととのえる。鍋全体をゆっくり混
　　ぜて火を止め、はまぐりを鍋に戻し、ふた
　　をして5分蒸らす。

5　器に盛り、好みでみつばを散らす。

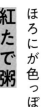
ほろにが色っぽ

紅たで粥

（材料）　茶碗1杯分

紅たで … 小さじ1
白粥 … 1杯分
＊作り方はP13参照
〈トッピング〉
　のりの佃煮、かいわれ大根、紅たで
　… 各適宜

（作り方）

1　白粥を温め、紅たでを混ぜ込む。

2　器に盛り、のりの佃煮、かいわれを
　添え、紅たでを散らす。

　　＊ねぎとろやうに、いくらなど魚介系のトッ
　　　ピングも相性抜群！

なんとも風流

桜ほうじ茶粥

（材料）　茶碗2～3杯分

桜の塩漬け … 1～2枝
ほうじ茶ティーバッグ … 2個
水 … 1000㎖
米 … ½合（約75g）
塩 … 小さじ⅓

（作り方）

1　深さのある鍋に水を入れて強火に
　かける。この間に米を洗い、桜の
　塩漬けをさっとすすぎ、少量の水
　（分量外）に浸す。

2　沸騰したら米、ティーバッグを鍋に入れる。
　再び沸いたら、鍋底から米粒をはがすように
　玉じゃくしでゆっくり混ぜる。

3　ふたをせずに中～強火で15分ほど煮る。ぐ
　るんぐるんと米を対流で躍らせながら煮込む。

（POINT）　お茶が好みの濃さになったらティーバ
　　　ッグを取り出す。

4　さっとアクをすくい取り、桜の塩漬けを浸し
　た水ごと入れる。塩で味をととのえ、火を止
　める。鍋全体をゆっくり混ぜて火を止め、ふ
　たをして5分蒸らし、器に盛る。

旨オイルで閉じ込めて

ホタルイカのアヒージョ粥

作り方

1 鍋によく洗った米、ローリエ、水を入れ、ふたをせずに中火にかける。

2 沸騰してきたら、鍋底から米粒をはがすように玉じゃくしでゆっくり混ぜる。鍋に菜箸を渡し、ふたをして弱火で30分煮込む。

3 ローリエを取り出し、塩で味をととのえ、鍋全体をゆっくり混ぜて火を止め、ふたをして5分蒸らす。

4 この間にアヒージョを作る。小鍋にオリーブオイルと塩、にんにくを入れて火にかけ、香りが立ったら、目を取り除いたホタルイカを加え、2〜3分煮る。

5 おかゆを器に盛り、**4**のアヒージョをのせ、好みでパセリを飾る。

材料　茶碗2杯分

〈アヒージョ〉
　ホタルイカ（ボイルしたもの）
　　… 100g
　刻みにんにく … 1片分
　オリーブオイル … 大さじ4
　塩 … 小さじ½
米 … ½合（約75g）
ローリエ … 1枚
水 … 700mℓ
塩 … 小さじ½
〈トッピング〉
　刻みパセリ … 適宜

香りよきじゅるじゅる

ディルとろろ粥

（ 材料 ） 茶碗2杯分

長いも … 200〜300g
ディル … 1枝〜
もち麦粥 … 茶碗2杯分
＊作り方はP54参照
白だし（または塩＋顆粒だしの素）… 適量
〈トッピング〉
｜ 黒こしょう … 少々
｜ ディル … 適量

（ 作り方 ）

1 長いもは皮をむき、すりおろし、白だしで味をととのえる。

2 もち麦粥を温め、ディルの葉をちぎって加える。

3 器に盛り、**1**のとろろをかけ、黒こしょうをふってディルを飾る。

＊お好みでしょうゆをかけて。
＊白粥や押し麦粥（P77参照）もおすすめです。

トマトのちょい足しアレンジで

インドのスパイス粥 **キチュリ**（Khichdi）

（ 材料 ） 茶碗2杯分

〈ベースのおかゆ〉
｜ バスマティ米（または日本米）… 80g
｜ イエロームングダール … 40g
｜ 水 … 600㎖
｜ ターメリックパウダー … 小さじ½
｜ 塩 … 小さじ½
｜ ミニトマト … 3〜4個
〈スパイスオイル〉
｜ ギー（またはバター、オリーブオイル）
｜ 　 … 大さじ1
｜ クミンシード … 小さじ1
｜ にんにくのみじん切り … 1片分
｜ 黒こしょう … 少々

＊イエロームングダールはムング豆（緑豆）の皮をむいて半割にしたもの。インド料理でよく使われます。洗ってそのまま調理できます。

（ 作り方 ）

1 大きめの鍋に洗った米とイエロームングダールを入れ、水を加えて、ふたをせずに30分ほど浸す。

2 中火にかけ、ふつふつと煮立ったら、弱火にする。ターメリック、塩を入れ、ゆっくりとかき混ぜ、鍋に菜箸を渡してふたをし、弱火で30分煮込む。好みのタイミングでへたを取ったミニトマトを加える。

POINT 途中で水分が足りなくなったら水（分量外）を足す。

3 おかゆがやわらかくなってきたら、スパイスオイルを作る。別の鍋にスパイスオイルの材料をすべて入れ、香りが立つまで弱火にかける。

4 **3**をおかゆの鍋に加え、混ぜ込む。塩（分量外）で味をととのえる。

5 器に盛る。

はじめてでも懐かしい

ロシアのそばの実粥カーシャ（Kawa）

作り方

1 そばの実は洗ってざるに上げ、水気をきる。

2 鍋かフライパンに **1** を入れ、パラパラになって香りが立つまで強火で5分ほどからいりをする。

3 水、塩を加えてゆっくり混ぜる。好みのかたさになるまでふたをせずに弱〜中火で15〜20分煮る。

4 そばの実がやわらかくなり、水気がほどよく飛んだら火を止め、バターを絡める。

5 器に盛り、バターオイル、ハーブ塩をかけ、クリームチーズを添える。

材料 茶碗2杯分

そばの実 … 150g
水 … 500mℓ
塩 … 小さじ ½
バター … 10g

〈トッピング〉
バターオイル、ハーブ塩、クリームチーズ
… 各適宜

甘酢は粥に合う！

南蛮漬けのせ粥

材料 茶碗2杯分

わかさぎ（またはししゃも）
… 10匹
片栗粉 … 適量
玉ねぎ … ¼ 個
にんじん … ¼ 本
A｜ だし汁 … 100mℓ
　 酢 … 100mℓ
　 しょうゆ … 大さじ1
　 砂糖 … 大さじ2
　 塩 … 小さじ ½
　 サラダ油 … 適量
白粥 … 茶碗2杯分
＊作り方はP13参照
〈トッピング〉
｜ 木の芽 … 2枚

作り方

1 南蛮漬けを作る。魚は片栗粉をまぶす。玉ねぎ、にんじんは細切りにする。

2 バットに**A**を入れて混ぜ、玉ねぎ、にんじんを加える。

3 フライパンに油を熱し、魚を揚げ焼きにし、熱いうちに **2** に加える。

4 白粥を温め、器に盛る。

5 南蛮漬けを盛り合わせてのせ、木の芽を添える。

納豆のせ押し麦粥

たっぷり薬味の

〈材料〉 茶碗2杯分

米 … ½合（約75g）
押し麦 … 大さじ1
水 … 700㎖
塩 … 小さじ½
〈薬味入り納豆〉
　納豆 … ½～1パック
　好みの香味野菜・生野菜など
　（長ねぎ、しょうが、みょうが、
　おくら、きゅうり、大根、青じ
　そ、梅干しなど）… 各適量
　塩麹（または白だし、めんつゆ）
　… 適量
〈トッピング〉
　白いりごま … 適量

＊薬味入り納豆のほかに、とろろやめかぶなど、粘り気のある食材全般おすすめです！

4月

〈作り方〉

1　鍋に洗った米、押し麦、水を入れて、ふたをせずに中～強火にかける。

2　沸騰してきたら、鍋底から米粒をはがすように玉じゃくしでゆっくり混ぜる。鍋に菜箸を渡し、ふたをしてふつふつと波打つ程度の弱～中火で30分煮込む。

3　塩で味をととのえる。鍋全体をゆっくり混ぜて火を止め、ふたをして5分蒸らす。

4　この間に薬味入り納豆を作る。野菜類は刻み、納豆と混ぜ合わせ、塩麹で味をととのえる。

5　器におかゆを盛り、4をのせ、ごまをふる。

小米粥
シャオミージョウ

中国の素朴粥

〈作り方〉

1　鍋に洗った粟、水を入れ、ふたをせずに中火にかける。

2　沸騰してきたら、鍋底から粟の粒をはがすように玉じゃくしでゆっくり混ぜる。鍋に菜箸を渡し、ふたをして弱火で20～30分煮込む。ときどきかき混ぜる。

3　塩で味をととのえ、鍋全体をゆっくりと混ぜて火を止める。

4　ふたをして5分蒸らし、器に盛る。

〈材料〉 茶碗2杯分

粟 … 100g
水 … 800㎖
塩 … 小さじ⅓

＊おすすめはもっちりと粘り気の強い「もち粟」です。さらりとした「うるち粟」よりも、普段のおかゆに近い仕上がりで、腹持ちも◎

セロリ香る
ひき肉粥

（ 材料 ）　茶碗2杯分

ひき肉 … 約100g
セロリ … 10cm
米 … ½合（約75g）
水 … 750ml
塩 … 小さじ1
〈トッピング〉
｜黒こしょう、粒マスタード … 各少々

＊好みのひき肉でOK！　ここではあいびき肉
　を使用。

（ 作り方 ）

1 鍋によく洗った米、水を入れ、ふたをせず
に中〜強火にかける。

2 沸騰してきたら、鍋底から米粒をはがすよ
うに玉じゃくしでゆっくり混ぜる。鍋に菜
箸を渡し、ふたをしてふつふつと波打つ程
度の弱〜中火で15分煮込む。

3 ひき肉をポロポロに崩しながら鍋に加える。
角切りにしたセロリも加え、再び菜箸を渡
し、ふたをして、さらに15分煮る。

4 さっとアクをすくい取り、塩
で味をととのえる。鍋全体を
ゆっくり混ぜて火を止め、ふ
たをして5分蒸らす。

5 器に盛り、黒こしょうをふり、
粒マスタードを添える。

4
月

ふわりと香る
青じそ粥

（ 材料 ）　茶碗1杯分

青じそ … 2〜3枚
白粥 … 茶碗1杯分
＊作り方はP13参照
〈トッピング〉
｜梅水晶、梅干し、白いりごま
｜　… 各適宜

（ 作り方 ）

1 青じそは細切りにしてさっと水にさ
らし、水気をきる。

2 白粥を温め、**1**を混ぜ込む。

3 器に盛り、好みで梅水晶、梅干しを
添え、ごまをふる。

元気ビタミンチャージ！

クコトマト粥

作り方

1 クコの実は水またはぬるま湯（分量外）に浸す。トマトは角切りにする。

2 鍋によく洗った米、水を入れる。かたよりがないようにならして、ふたをせずに中〜強火にかける。

3 沸騰してきたら、鍋底から米粒をはがすように玉じゃくしでゆっくり混ぜる。鍋に菜箸を渡し、ふたをしてふつふつと波打つ程度の弱〜中火で20分煮込む。

4 水をきったクコの実、トマトを加え、再び菜箸を渡しふたをしてさらに10分煮る。

5 さっとアクをすくい取り、塩で味をととのえる。鍋全体をゆっくり混ぜて火を止め、ふたをして5分蒸らし、器に盛る。

＊お好みでハーブ塩や岩塩を加えて召し上がれ。

材料　茶碗2杯分

クコの実 … 大さじ1
トマト … 小さめ1個
米 … ½合（約75g）
水 … 700mℓ
塩 … 小さじ½

明日葉粥

よもぎのような、せりのような

材料 茶碗2杯分

明日葉の葉　1枝分
米 … ½合（約75g）
水 … 700mℓ
塩 … 小さじ½〜
〈トッピング〉
　明日葉の葉（ゆでたもの）
　　… 適量
　白いりごま … 適量

作り方

1 鍋によく洗った米、水を入れる。かたよりがないようにならして、ふたをせずに中〜強火にかける。

2 沸騰してきたら、鍋底から米粒をはがすように玉じゃくしでゆっくり混ぜる。鍋に菜箸を渡し、ふたをしてふつふつと波打つ程度の弱〜中火で20分煮込む。

3 この間に明日葉を細かく刻む。

4 米がやわらかくなったら、明日葉を加え、再び菜箸を渡してふたをしてさらに10分煮る。

5 さっとアクをすくい取り、塩で味をととのえる。鍋全体をゆっくり混ぜて火を止め、ふたをして5分蒸らす。

6 器に盛り、トッピング用の明日葉をのせ、ごまをふる。

打ち豆粥

豆なのに浸水いらずの優等生

材料 茶碗2杯分

打ち豆 … 大さじ2（約20g）
米 … ½合（約75g）
水 … 700mℓ
塩 … 小さじ⅓〜
〈トッピング〉
　せんべいのかけら … 適宜

作り方

1 鍋によく洗った米、打ち豆、水を入れる。具材のかたよりがないようにならして、ふたをせずに中〜強火にかける。

2 沸騰してきたら、鍋底から米粒をはがすように玉じゃくしでゆっくり混ぜる。鍋に菜箸を渡し、ふたをしてふつふつと波打つ程度の弱〜中火で30分煮込む。

3 さっとアクをすくい取り、塩で味をととのえる。鍋全体をゆっくり混ぜて火を止め、ふたをして5分蒸らす。

4 器に盛り、好みでせんべいのかけらをふる。

滋味深きシンプル肉粥

牛ねぎ粥

（材料） 茶碗2杯分

牛こま切れ肉 … 100g
長ねぎ … ½～1本
米 … ½合（約75g）　塩 … 小さじ1
昆布だし汁（昆布5cm角＋水）… 750㎖
〈トッピング〉
　ゆずこしょう（または練りわさび）
　… 適宜

（作り方）

1　昆布だし汁を作る。昆布はさっと洗い、たっぷりの水またはぬるま湯に1時間以上浸す。昆布は取り出す。

2　鍋によく洗った米、昆布だし汁を入れる。かたよりがないようにならして、ふたをせずに中～強火にかける。

3　鍋の様子を見ながら具材の用意をする。長ねぎは斜め切りにする。

4　沸騰してきたら、鍋底から米粒をはがすように玉じゃくしでゆっくり混ぜる。鍋に菜箸を渡し、ふたをしてふつふつと波打つ程度の弱～中火で20分煮込む。

5　牛肉は手で広げながら鍋に加え、その上にねぎを置く。再び菜箸を渡しふたをしてさらに10分煮る。

6　さっとアクをすくい取り、塩で味をととのえる。鍋全体をゆっくり混ぜて火を止め、ふたをして5分蒸らす。

7　器に盛り、好みでゆずこしょうや練りわさびを添える。

（材料） 茶碗2杯分

小松菜 … 1株
桜えび … ふたつまみ
米 … ½合（約75g）
水 … 700㎖
塩 … 小さじ⅓
〈トッピング〉
　白いりごま … 適宜
＊桜えびの代わりに、じゃこ、貝柱、にんにくなどもおすすめです。

（作り方）

1　鍋によく洗った米、桜えび、水を入れ、具材のかたよりがないようにならして、ふたをせずに中～強火にかける。この間に小松菜を刻んで洗っておく。

2　沸騰してきたら、鍋底から米粒をはがすように玉じゃくしでゆっくり混ぜる。鍋に菜箸を渡してふたをし、ふつふつと波打つ程度の弱～中火で30分煮込む。

シャクシャクゆかいな

小松菜桜えび粥

3　塩で味をととのえる。鍋全体をゆっくり混ぜて火を止め、小松菜をのせてふたをし、5分蒸らす。

4　小松菜をおかゆに混ぜ込み、器に盛る。好みでごまをふる。

自然の甘みを満喫

新じゃが粥

作り方

1. 鍋によく洗った米、水を入れる。ふたをせずに鍋を中火にかける。新じゃがは洗い、4等分にして水にさらす。

2. 沸騰してきたら、鍋底から米粒をはがすように玉じゃくしでゆっくり混ぜる。鍋に菜箸を渡し、ふたをして弱火で20分煮込む。

3. 水気をきった新じゃがを加え、再び菜箸を渡してふたをし、さらに弱火で10分煮る。

4. さっとアクをすくい取り、塩で味をととのえる。鍋全体をゆっくり混ぜて、火を止め、ふたをして5分蒸らす。

5. 器に盛り、青のり、岩塩をふる。

材料　茶碗2杯分

新じゃがいも … 100g（約2〜3個）
米 … ½合（約75g）
水 … 750mℓ
塩 … 小さじ½
〈トッピング〉
| 青のり、岩塩 … 各少々

もっちりふんわり
加賀れんこん粥

（作り方）

1 れんこんは皮をむき、半分を3〜5mm厚さに切り、もう半分をすりおろす。

2 鍋に洗った米、ごま油を入れて軽く混ぜ、水を加えてふたをせずに中〜強火にかける。

3 沸騰してきたら、鍋底から米粒をはがすように玉じゃくしでゆっくり混ぜる。鍋に菜箸を渡し、ふたをしてふつふつと波打つ程度の弱〜中火で20分煮込む。

4 おろししょうが、れんこんを加えて再び菜箸を渡し、ふたをして、さらに10分煮る。

5 さっとアクをすくい取り、塩で味をととのえる。鍋全体をゆっくり混ぜて火を止め、ふたをして5分蒸らす。

7 器に盛り、糸唐辛子をのせ、ごまをふる。

（材料） 茶碗2杯分

加賀れんこん … 100〜150g
米 … ½合（約75g）
ごま油 … 小さじ1
水 … 750mℓ
おろししょうが … 小さじ1
塩 … 小さじ1
〈トッピング〉
│ 糸唐辛子、白いりごま … 少々

4
月

4/24

春の身体に春のほろにが
こしあぶら粥

（作り方）

1 鍋によく洗った米を入れ、ごま油を絡め、水を加える。かたよりがないようにならして、ふたをせずに中〜強火にかける。

2 鍋の様子を見ながら、こしあぶらの軸を取り除いて下ごしらえする。

3 沸騰してきたら、鍋底から米粒をはがすように玉じゃくしでゆっくり混ぜる。鍋に菜箸を渡し、ふたをしてふつふつと波打つ程度の弱〜中火で25分煮込む。

4 こしあぶらを加え、再び菜箸を渡し、ふたをしてさらに5分煮る。

5 さっとアクをすくい取り、塩で味をととのえる。鍋全体をゆっくり混ぜて火を止め、ふたをして5分蒸らす。

6 器に盛り、焼き魚のほぐし身をのせ、ごまをふる。

（材料） 茶碗2杯分

こしあぶら … 1つかみ
米 … ½合（約75g）
ごま油 … 小さじ1
水 … 700mℓ
塩 … 小さじ½
〈トッピング〉
│ 焼き魚のほぐし身（ノドグロなど）、
│ 白いりごま … 各適量

富山の珍味を使った

中華風イカスミ粥

（**材料**）茶碗2杯分

イカの塩辛黒作り（市販品）… 30g
米 … ½合（約75g）
ごま油 … 小さじ1
水 … 700mℓ
塩 … 小さじ⅓
〈トッピング〉
｜イカの塩辛黒作り … 適量

（**作り方**）

1 鍋によく洗った米を入れ、ごま油を絡め、水を加える。かたよりがないようにならして、ふたをせずに中〜強火にかける。

2 沸騰してきたら、鍋底から米粒をはがすように玉じゃくしでゆっくり混ぜる。鍋に菜箸を渡し、ふたをしてふつふつと波打つ程度の弱〜中火で25分煮込む。

3 イカの塩辛を加え、再び菜箸を渡し、ふたをしてさらに5分煮る。

4 さっとアクをすくい取り、塩で味をととのえる。鍋全体をゆっくり混ぜて火を止め、ふたをして5分蒸らす。

5 器に盛り、塩辛をトッピングする。

しょうゆでなじませ

牡蠣の西京焼きのせ粥

（**材料**）茶碗2杯分

牡蠣の西京漬け … 6個〜
米 … ½合（約75g）
水 … 700mℓ
しょうゆ（あればひしほしょうゆ）
　… 小さじ½
塩 … 小さじ⅓
〈トッピング〉
｜焼き長ねぎ、木の芽 … 各適量

（**作り方**）

1 鍋によく洗った米、水を入れる。かたよりがないようにならして、ふたをせずに中〜強火にかける。

2 沸騰してきたら、鍋底から米粒をはがすように玉じゃくしでゆっくり混ぜる。鍋に菜箸を渡し、ふたをしてふつふつと波打つ程度の弱〜中火で30分煮込む。

3 鍋の様子を見ながら牡蠣の西京漬けを焼き始める。

POINT 2の煮込みが20分経過したあたりで牡蠣を焼き始めるのが目安。

4 しょうゆ、塩で味をととのえる。鍋全体をゆっくり混ぜて火を止め、ふたをして5分蒸らす。

5 器に盛り、牡蠣をのせて長ねぎ、木の芽を飾る。

むちもちふわふわ

山芋だんご粥

作り方

1 鍋によく洗った米、だし汁を入れる。かたよりがない ようにならして、ふたをせずに中〜強火にかける。

2 沸騰してきたら、鍋底から米粒をはがすように玉じゃ くしでゆっくり混ぜる。鍋に菜箸を渡し、ふたをして ふつふつと波打つ程度の弱〜中火で30分煮込む。

3 鍋の様子を見ながら、山芋の下ごしらえをする。皮を むき、丸い円を描くようにすりおろす。

4 煮込んだら、塩で味をととのえる。鍋全体をゆっくり 混ぜる。山芋をスプーンですくい取り、鍋に落とし入 れる。

5 再びグツグツとしてきたら火を止めて、ふたをして5 分蒸らす。

6 器に盛り、小ねぎやみょうがをのせる。

材料 茶碗2杯分

山芋（できれば加賀丸いも）
　… 約300g
米 … ½合（約75g）
だし汁 … 800㎖
塩 … 小さじ½
〈トッピング〉
　小ねぎ、みょうがの
　　小口切り … 各適量

卵＆だしがじゅんわり

車麩の卵とじのせ粥

（材料） 茶碗2杯分

〈車麩の卵とじ〉
　車麩 … 4枚
　玉ねぎ … ¼個
　卵 … 2個
　だし汁 … 300㎖
　しょうゆ … 大さじ2
　みりん、砂糖 … 各大さじ1
白粥 … 茶碗2杯分
＊作り方はP13参照
〈トッピング〉
　小ねぎの小口切り … 適量

（作り方）

1　車麩の卵とじを作る。車麩は水に浸けてもどし、水気を絞って半分に切る。

2　鍋にだし汁にしょうゆ、みりん、砂糖を入れて煮立て、薄切りにした玉ねぎを加えてふたをし、玉ねぎが透き通るまで中火で煮る。

3　車麩を加え、くったり煮えたら溶いた卵を回し入れる。ふたをして10秒待ち、ふわっとかたまったら火を止める。

4　白粥を温め、器に盛る。

5　車麩の卵とじをのせ、小ねぎを添える。

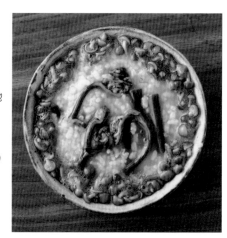

昆布だしでシャキねばを堪能

わらび粥

（材料） 茶碗2杯分

ゆでわらび … 6〜8本
米 … ½合（約75g）
昆布だし汁（昆布5cm角＋水）… 700㎖
塩 … 小さじ½
〈トッピング〉
　なめこのあえもの … 適量
　（ゆでたなめこ＋めんつゆ … 各適量）
＊わらびはアク抜き済みのものを使用します。

（作り方）

1　鍋によく洗った米、だし汁を入れる。かたよりがないようにならして、ふたをせずに中〜強火にかける。

2　沸騰してきたら、鍋底から米粒をはがすように玉じゃくしでゆっくり混ぜる。鍋に菜箸を渡し、ふたをしてふつふつと波打つ程度の弱〜中火で15分煮込む。

3　食べやすい大きさに切ったわらびを加える。再び菜箸を渡し、ふたをしてさらに15分煮る。

4　さっとアクをすくい取り、塩で味をととのえる。鍋全体をゆっくり混ぜて火を止め、ふたをして5分蒸らす。

5　器に盛り、なめこのあえものをのせる。

金箔茶粥

作り方

1 深さのある鍋に水を入れて、ふたをして強火にかける。

2 沸騰したら洗った米、ティーバッグを入れる。再び沸いたら、鍋底から米粒をはがすように玉じゃくしでゆっくり混ぜる。

3 ふたをせずに中〜強火に15分ほど煮る。ぐるんぐるんと米を対流で躍らせながら煮込む。

POINT お茶の色が濃い目に出たらティーバッグを取り出す。

4 さっとアクをすくい取り、塩で味をととのえる。鍋全体をゆっくり混ぜて、火を止める。

5 5分蒸らして、器に盛り、金箔をふわっとのせる。

材料 茶碗2〜3杯分

ほうじ茶ティーバッグ … 1〜2個
水 … 1000mℓ
米 … ½合（約75g）
塩 … 小さじ⅓
〈トッピング〉
｜食用金箔 … 適量

COLUMN
旅先のおかゆ

なるべくキッチンつきの宿をとり、出張先や旅先でもおかゆを作ります。「身土不二」という言葉がありまして、「身と土は二つに分けられない」、つまり「その土地のものを食べると身体に良い」という意味なのだそうです。たしかに、自分がいる場所の食材を積極的にとると、土地の気候に身体が馴染む心地がします。ワインとチーズの産地を合わせるように、米と野菜の産地を揃えることもまとまりのあるおいしさに出合える良い方法です。この本でも、金沢旅行で出合った食材を取り入れたり、札幌へ出張したときのおいしい出合いから作ったレシピがあります。未知の食材へのチャレンジの参考になりますように。

（材料） 茶碗1杯分

桜の塩漬け … 1枝
長いも … ½本
白粥 … 茶碗1杯分
＊作り方はP13参照
ゆかり … 少々
ほうれん草（または青じそ、みつばなど）
　… 大さじ1（刻んだもの）
〈トッピング〉
｜桜の塩漬け … 適量

（作り方）

1　長いもはすりおろし、二つのボウル
　に分ける。一つに刻んだ桜の塩漬け
　とゆかりを混ぜ込む。もう一つには、
　ゆでて刻んだほうれん草を混ぜ込む。

2　白粥を温め、器に盛って二つのとろ
　ろをかけ、桜の塩漬けを飾る。

　＊お好みでしょうゆをかけて召し上がれ。

葉桜とろろ粥

初夏の息吹を食卓へ

（材料） 茶碗2杯分

大根 … 2〜3cm
大根の葉 … 少々
米 … ½合（約75g）
水 … 700ml
塩 … 小さじ½
〈トッピング〉
｜木の芽 … 2枚

（作り方）

1　鍋によく洗った米、水を入れ、中〜
　強火にかける。

2　大根は1cmほどの角切りに、葉は細かく
　刻んでよく洗って鍋に加える。

3　沸騰してきたら、鍋底から米粒をはがす
　ように玉じゃくしでゆっくり混ぜる。鍋
　に菜箸を渡し、ふたをしてふつふつと波
　打つ程度の弱〜中火で30分煮込む。

4　塩で味をととのえる。鍋全体をゆっくり
　混ぜて火を止め、ふたをして5分蒸らす。

5　器に盛り、木の芽をのせる。

大根粥

連休は食べ過ぎ注意報！胃腸労わりの

ぺろっとじゅるっと

株なめこの中華風粥

作り方

1 鍋によく洗った米を入れ、ごま油を絡める。水を加え、かたよりがないように鍋底をならして、ふたをせずに中～強火にかける。

2 この間に株なめこの下ごしらえをする。株なめこは石づきを切り落とす。汚れやにおいが強い場合は流水で洗い、ざるに上げて水気をきる。

3 鍋が沸騰してきたら、鍋底から米粒をはがすように玉じゃくしでゆっくり混ぜる。鍋に菜箸を渡し、ふたをしてふつふつと波打つ程度の弱～中火で20分煮込む。

4 株なめこを加え、再び菜箸を渡し、ふたをしてさらに10分煮る。

5 さっとアクをすくい取り、塩で味をととのえる。鍋全体をゆっくり混ぜて火を止め、ふたをして5分蒸らす。

6 器に盛り、小ねぎを散らして腐乳を添える。

材料　茶碗2杯分

株なめこ … ½パック
米 … ½合 (約75g)
ごま油 … 小さじ1
水 … 750㎖
塩 … 小さじ1
〈トッピング〉
　小ねぎの小口切り … 適量
　腐乳 … 適量

二日酔いのお腹に何かを入れるなら

しそトマト粥

5月

作り方

1 鍋によく洗った米、水を入れる。ふたをせずに中〜強火にかける。

2 沸騰してきたら、鍋底から米粒をはがすように玉じゃくしでゆっくり混ぜる。鍋に菜箸を渡し、ふたをしてふつふつと波打つ程度の弱〜中火で20分煮込む。

3 1cm角に切ったトマトを加える。再び菜箸を渡してふたをし、さらに10分煮る。

4 塩で味をととのえる。鍋全体をゆっくり混ぜて火を止め、ふたをして5分蒸らす。

5 器に盛り、せん切りにした青じそをのせ、岩塩とごまをふる。

材料　茶碗2杯分

トマト … 1個
米 … ½合（約75g）
水 … 700㎖
塩 … 小さじ½
青じそ … 2枚
〈トッピング〉
｜岩塩、白いりごま … 各適量

中華風なす粥

むくみパンパン丸の朝に

（材料）　茶碗2杯分

なす … 1本
米 … ½合（約75g）
ごま油 … 小さじ1
水 … 800㎖
塩 … 小さじ1
〈トッピング〉
　 小ねぎの小口切り … 適量
　 糸唐辛子 … 適量

（作り方）

1 鍋によく洗った米を入れ、ごま油を絡める。水を加え、かたよりがないように鍋底をならして、ふたをせずに中〜強火にかける。

2 沸騰してきたら、鍋底から米粒をはがすように玉じゃくしでゆっくり混ぜる。鍋に菜箸を渡し、ふたをしてふつふつと波打つ程度の弱〜中火で20分煮込む。

3 なすは乱切りにして水にさらしておく。

4 2 に水気をきったなすを加える。再び菜箸を渡し、ふたをしてさらに10分煮る。

5 さっとアクをすくい取り、塩で味をととのえる。鍋全体をゆっくり混ぜて火を止め、ふたをして5分蒸らす。

6 器に盛り、小ねぎと糸唐辛子をトッピングする。

ひじき粥

水分代謝アップ

（材料）　茶碗2杯分

生食用ひじき … 30g
米 … ½合（約75g）
ごま油 … 小さじ1
水 … 750㎖
塩 … 小さじ½
〈トッピング〉
　 白いりごま … 少々

（作り方）

1 鍋に洗った米を入れ、ごま油を絡める。水を加え、かたよりがないように鍋底をならして、ふたをせずに中〜強火にかける。

2 沸騰してきたら、鍋底から米粒をはがすように玉じゃくしでゆっくり混ぜる。鍋に菜箸を渡し、ふたをしてふつふつと波打つ程度の弱〜中火で25分煮込む。

3 ひじきを加え、再び菜箸を渡してふたをし、さらに5分煮る。

4 さっとアクをすくい取り、塩で味をととのえる。鍋全体をゆっくり混ぜて火を止め、ふたをして5分蒸らす。

5 器に盛り、ごまをふる。

お鍋にポトン、一鍋でできる

白玉粥

(材料) 茶碗2杯分

白玉粉
　… 大さじ3
米 … ½合
　（約75g）
水 … 900㎖
塩 … 小さじ⅓

＊白玉が水分を吸ってとろみをつけるの
　で、水は通常より100〜200㎖くらい
　多めにするのがポイントです。

(作り方)

1　鍋によく洗った米、水を
　入れ、ふたをせずに中火
　にかける。

2　沸騰してきたら、鍋底か
　ら米粒をはがすように玉
　じゃくしでゆっくり混ぜ
　る。鍋に菜箸を渡し、ふ
　たをして弱火で25分煮
　込む。

3　白玉粉を水（分量外）で練り、耳たぶくらいのか
　たさにする。一口大に丸め、2 に加える。再
　び菜箸を渡して、ふたをし弱火で5分煮る。

　＊粉を練る水の量は、白玉粉の種類やその日の湿度によって
　　も異なります。ここでは白玉粉大さじ3に対して、水大さ
　　じ2で作りました。

4　塩で味をととのえる。鍋全体をゆっくり混ぜて
　火を止め、ふたをして5分蒸らし、器に盛る。

　＊好みできなこ、黒みつ、黒ごまなどをかけても美味！

5
月

高タンパク粥で五月病を吹き飛ばせ

納豆のせたまご粥

(材料) 茶碗2杯分

卵 … 1個
米 … ½合（約75g）
水 … 750㎖
塩 … 小さじ½
〈トッピング〉
　納豆 … ½〜1パック
　青じそのせん切り … 2枚分
　白すりごま、練りからし
　　… 各適量

(作り方)

1　鍋によく洗った米、水を入れ
　る。ふつふつと沸くまで、ふ
　たをせずに中火にかける。

2　沸騰してきたら、鍋底から米粒をは
　がすように玉じゃくしでゆっくり混
　ぜる。鍋に菜箸を渡し、ふたをして
　ふつふつと波打つ程度の弱〜中火で
　30分煮込む。

3　塩で味をととのえる。一度中火にし
　て、溶いた卵を回し入れ10秒待つ。
　ふわっと全体を混ぜたら、火を止め、
　ふたをして5分蒸らす。

4　器に盛り、納豆、しそをのせ、ごま、
　からしを添える。

鶏ささみ粥

ささみの下ごしらえついでに

作り方

1 鍋にささみ、水、塩、しょうがを入れて中火にかける。沸騰したら火を止め、ふたをして10分蒸らす。

2 ささみを取り出してほぐす。ゆで汁のアクを取り除き、洗った米を加えて、ふたをせずに中〜強火にかける。

3 沸騰してきたら、鍋底から米粒をはがすように玉じゃくしでゆっくり混ぜる。鍋に菜箸を渡し、ふたをしてふつふつと波打つ程度の弱〜中火で30分煮込む。

4 塩少々（分量外）で味をととのえる。鍋全体をゆっくり混ぜて火を止め、ふたをして5分蒸らす。

5 器に盛り、ささみをのせ、かいわれ、梅干しを添える。

材料　茶碗2杯分

鶏ささみ … 2本（約100g）
米 … ½合（約75g）
水 … 750㎖
しょうがの薄切り … 2〜3枚
塩 … 小さじ½
〈トッピング〉
　かいわれ大根 … 適量
　梅干し … 適量

材料　茶碗2杯分

キヌア … 大さじ1
米 … ½合（約75g）
水 … 700㎖
塩 … 小さじ½

作り方

1 鍋によく洗った米、キヌア、水を入れる。かたよりがないように鍋底をならして、ふたをせずに中〜強火にかける。

2 沸騰してきたら、鍋底から米粒をはがすように玉じゃくしでゆっくり混ぜる。鍋に菜箸を渡し、ふたをしてふつふつと波打つ程度の弱〜中火で30分煮込む。

3 塩で味をととのえる。鍋全体をゆっくり混ぜて火を止め、ふたをして5分蒸らし、器に盛る。

キヌア粥

南米のスーパーフードで元気の底上げ

材料　茶碗2杯分

牛タン薄切り … 100g
米 … ½合（約75g）
ごま油 … 小さじ1
水 … 750㎖
〈トッピング〉
　小ねぎの小口切り … 適量
　黒こしょう、岩塩 … 各適量

作り方

1 鍋によく洗った米、ごま油を入れ、全体を絡めるように混ぜる。水を加え、ふたをせずに中〜強火にかける。牛タンは冷蔵庫から出し常温に置く。

2 鍋が沸騰してきたら、鍋底から米粒をはがすように玉じゃくしでゆっくり混ぜる。鍋に菜箸を渡し、ふたをしてふつふつと波打つ程度の弱〜中火で25分煮込む。

3 牛タンを手で広げるようにして鍋に加える。再び菜箸を渡し、ふたをして、さらに5分煮る。

4 アクをすくい取り、塩で味をととのえる。鍋全体をゆっくり混ぜて火を止め、ふたをして5分蒸らす。

5 器に盛り、小ねぎを散らし、黒こしょう、岩塩をふる。

牛タン粥

スタミナ満点モーニング

酸味で疲れを吹き飛ばす

もずく酢粥

（材料） 茶碗1杯分

もずく酢 … 1パック（約70g）
白粥 … 茶碗1杯分
＊作り方はP13参照
〈トッピング〉
│ 薬味（小ねぎの小口切り、
│ 　おろししょうがなど）… 適量
│ 食用菊 … 適量

（作り方）

1 白粥を温め、器に盛る。

2 もずく酢をのせ、薬味や食用
　菊を添える。

ほてりさっぱり

ルイボス茶粥

（材料） 茶碗2〜3杯分

ルイボスティーバッグ … 1〜3個
米 … ½合（約75g）
水 … 1000mℓ
塩 … 小さじ⅓

＊アンチエイジングが期待できるというル
　イボスティー。むくみをやわらげる働き
　があるそうです。

（作り方）

1 深さのある鍋に水を入れて強
　火にかける。この間に米を洗
　ってざるに上げる。

2 沸騰したら米、ティーバッグ
　を加える。再び沸いたら、鍋
　底から米粒をはがすように玉
　じゃくしでゆっくり混ぜる。

3 ふたをせずに15分ほど中〜
　強火にかける。ぐるんぐるん
　と米を対流で躍らせながら煮
　込む。

POINT お茶の色が濃い目に出たらティーバ
ッグは取り出す。

4 さっとアクをすくい取り、塩で味をととの
　える。鍋全体をゆっくり混ぜて火を止め、
　ふたをして5分蒸らし、器に盛る。

ヤギミルク粥

唯一無二のクセツョ粥

材料 茶碗2杯分

ヤギミルク … 200mℓ
米 … ½合(約75g)
水 … 500mℓ
塩 … 小さじ1
〈トッピング〉
| 刻みパセリ、おろしにんにく
| … 各適宜

作り方

1 深さのある鍋に洗った米、水を入れる。ふたをせず鍋を中〜強火にかける。ヤギミルクは冷蔵庫から出して常温に置く。

2 鍋が沸騰してきたら、鍋底から米粒をはがすように玉じゃくしでゆっくり混ぜる。鍋に菜箸を渡し、ふたをしてふつふつと波打つ程度の弱〜中火で20分煮込む。

3 ミルクを加えてゆっくり混ぜ、中火にする。表面がふつふつしてきたら、再び菜箸を渡してふたをし、ごく弱〜弱火にしてさらに10分煮る。

4 さっと膜をすくい取り、塩で味をととのえる。鍋全体をゆっくり混ぜて火を止め、ふたをして5分蒸らす。

5 器に盛り、好みでパセリ、にんにくをトッピングする。

玄米粥

ナッツのように香ばしい

材料 茶碗2杯分

玄米 … ½合(約75g)
水 … 700mℓ
塩 … ひとつまみ
〈トッピング〉
| 柿の種(ピーナッツ入り)… 適量

前の晩の下ごしらえ

玄米をさっとゆすぎ、たっぷりの水(分量外)に浸す。冷蔵庫に入れて、一晩置く。

作り方

1 玄米をざるに上げ、さっと洗ってよく水気をきる。

2 鍋に、玄米、塩、水を入れ、ふたをせずに中火にかける。

3 沸騰してきたら、鍋の表面が静かにふつふつするくらいの弱火にする。菜箸を渡してふたをし、約30分煮込む。

4 好みの水分量になるまでときどき混ぜながら煮込み、塩(分量外)で味をととのえる。

5 鍋全体をゆっくり混ぜて火を止め、ふたをして5分蒸らす。

6 器に盛り、柿の種をトッピングする。

すする、だし粥
生もずく粥

材料 茶碗2杯分

生もずく … 50g
米 … ½合（約75g）
だし汁 … 800㎖
しょうゆ … 小さじ1
塩 … 小さじ½
〈トッピング〉
｜花穂じそ … 適量

作り方

1 鍋に洗った米、だし汁を入れる。かたよりがないようにならして、ふたをせずに中～強火にかける。

2 沸騰してきたら、鍋底から米粒をはがすように玉じゃくしでゆっくり混ぜる。鍋に菜箸を渡し、ふたをしてふつふつと波打つ程度の弱～中火で30分煮込む。

3 さっとアクをすくい取り、火を止める。もずくを加え、しょうゆ、塩で味をととのえる。

4 ふたをして5分蒸らす。

5 器に盛り、花穂じそを散らす。

シビレで目覚める
実山椒粥

材料 茶碗2杯分

山椒の実（下ゆでしたもの）
　… 5～15g
米 … ½合（約75g）
ごま油 … 小さじ1
水 … 750㎖
塩 … 小さじ½
〈トッピング〉
｜木の芽 … 2枚

作り方

1 鍋によく洗った米、山椒の実を入れ、ごま油を絡める。水を加え、具材のかたよりがないようにならして、ふたをせずに中～強火にかける。

2 沸騰してきたら、鍋底から米粒をはがすように玉じゃくしでゆっくり混ぜる。鍋に菜箸を渡し、ふたをしてふつふつと波打つ程度の弱～中火で30分煮込む。

3 さっとアクをすくい取り、塩で味をととのえる。鍋全体をゆっくり混ぜて火を止め、ふたをして5分蒸らす。

4 器に盛り、木の芽を飾る。

5
月

気持ちがずーんとしちゃう日は

なつめ粥

（材料） 茶碗2杯分

乾燥なつめ … 3〜4個
米 … ½合（約75g）
水 … 750mℓ
塩 … 小さじ⅓
岩塩 … 少々

（作り方）

1 深さのある鍋によく洗った米、水を入れ、ふたをせずに中〜強火にかける。

2 なつめはさっとすすぎ、1 に加える。

POINT なつめはそのままでも、種を抜いて薄切りにしてもよい。

3 沸騰してきたら、鍋底から米粒をはがすように玉じゃくしでゆっくり混ぜる。鍋に菜箸を渡し、ふたをしてふつふつと波打つ程度の弱〜中火で30分煮込む。

4 塩で味をととのえる。鍋全体をゆっくり混ぜて火を止め、ふたをして5分蒸らす。

5 器に盛り、岩塩をふる。

急な暑さにスタミナチャージ

鶏クコ粥

（材料） 茶碗2杯分

鶏もも肉 … 100g
クコの実 … 小さじ2
米 … ½合（約75g）
水 … 750mℓ
塩 … 小さじ1
〈トッピング〉
　パクチー … 適量
　韓国産粉唐辛子 … 適量

（作り方）

1 鶏肉は食べやすい大きさに切り、塩、こしょう各少々（分量外）をもみ込み、下味をつける。

2 鍋によく洗った米、鶏肉、クコの実、水を入れる。具材のかたよりがないようにならして、ふたをせずに中〜強火にかける。

3 沸騰してきたら、鍋底から米粒をはがすように玉じゃくしでゆっくり混ぜる。鍋に菜箸を渡し、ふたをしてふつふつと波打つ程度の弱〜中火で30分煮込む。

4 さっとアクをすくい取り、塩で味をととのえる。鍋全体をゆっくり混ぜて火を止め、ふたをして5分蒸らす。

5 器に盛り、パクチーをのせ、韓国産粉唐辛子をふる。

帆立パセリ粥

苦みで甘味を引き立てて

(材料) 茶碗2杯分

ボイル帆立 … 150g
パセリ … 1枝
米 … ½合(約75g)
水 … 750mℓ
塩 … 小さじ1
〈トッピング〉
| パセリ、ハーブソルト、
| クミン … 各適量

(作り方)

1 鍋によく洗った米、水を入れる。かたよりがないようにならして、ふたをせずに中〜強火にかける。

2 沸騰してきたら、鍋底から米粒をはがすように玉じゃくしでゆっくり混ぜる。鍋に菜箸を渡し、ふたをしてふつふつと波打つ程度の弱〜中火で20分煮込む。

3 帆立を加えて再び菜箸を渡し、ふたをして10分煮る。

4 さっとアクをすくい取り、塩で味をととのえる。刻んだパセリを加え、鍋全体をゆっくり混ぜて火を止め、ふたをして5分蒸らす。

5 器に盛り、トッピング用のパセリ、クミンをのせ、ハーブソルトをふる。

インカのめざめ粥

栗ごはん系のおいしさ

(材料) 茶碗2杯分

じゃがいも(インカのめざめ)
… 3個
米 … ½合(約75g)
水 … 750mℓ
塩 … 小さじ½
〈トッピング〉
| パセリ、ハーブソルト
| … 各適量

(作り方)

1 じゃがいもは皮をむいて4等分に切り、水にさらす。

2 鍋に洗った米、水気をきったじゃがいも、水を入れる。具材のかたよりがないようにならして、中〜強火にかける。

3 沸騰してきたら、鍋底から米粒をはがすように玉じゃくしでゆっくり混ぜる。鍋に菜箸を渡し、ふたをしてふつふつと波打つ程度の弱〜中火で30分煮込む。

4 さっとアクをすくい取り、塩で味をととのえる。鍋全体をゆっくり混ぜて火を止め、ふたをして5分蒸らす。

5 器に盛り、パセリをのせ、ハーブソルトをふる。

（ 材料 ） 茶碗2杯分

小松菜 … 小1株
米 … ½合（約75ｇ）
水 … 700㎖
塩 … 小さじ½
バター … 2かけ（20ｇ）
〈トッピング〉
│ 黒こしょう … 少々

（ 作り方 ）

1 鍋によく洗った米、水を入れる。かたよりがないようにならして、ふたをせずに中〜強火にかける。

2 鍋の様子を見ながら、小松菜を細かく刻む。

3 沸騰してきたら、鍋底から米粒をはがすように玉じゃくしでゆっくり混ぜる。鍋に菜箸を渡し、ふたをしてふつふつと波打つ程度の弱〜中火で25分煮込む。

4 小松菜を加え、再び菜箸を渡し、ふたをしてさらに5分煮る。

5 さっとアクをすくい取り、塩で味をととのえる。鍋全体をゆっくり混ぜて火を止め、ふたをして5分蒸らす。

6 器に盛りバターをのせ、黒こしょうをふる。

＊お好みでしょうゆをかけて召し上がれ！

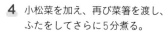

（ 材料 ） 茶碗1杯分

白粥 … 茶碗1杯分
＊作り方はP13参照
いくら … 大さじ1
〈トッピング〉
│ いくら … 適量

（ 作り方 ）

1 白粥を温め、いくらを加えて混ぜる。

2 器に盛り、トッピング用のいくらをのせる。

＊まずはそのまま、途中で塩で調味しながら、食べるのがおすすめです。

────（ COLUMN ）────

伝統と神事のおかゆ

伝統のおかゆといえば「七草粥」が有名ですが、日本各地に伝わるおかゆは他にもたくさんあります。たとえば、アイヌの「サヨ」。自然と共に暮らすアイヌの人々の食事は「オハウ（汁物）」と「サヨ（粥）」が基本のセットだったそうです。日本各地で行われている「粥占」という神事もあります。おかゆにできるカビの状態でその年の農作物の豊凶を占います。郷土料理の粥、精進料理の粥、神事の粥、遺跡の粥の跡。おかゆ文化史だけで何冊分も語れそうです。

〔材料〕 茶碗2杯分

牛バラ薄切り肉 … 150g
香り米（ジャスミン米など）… 100g
米油（またはサラダ油）… 小さじ1
おろししょうが … 小さじ1
牛肉だし汁（牛粉末だしの素少々＋水
　でも可）… 800㎖
ヌクマム … 小さじ½
塩 … 小さじ1
〈トッピング〉
　小ねぎの小口切り、揚げ春雨、
　パクチー、しょうがのせん
　切り … 各適宜

〔作り方〕

1 米はさっと洗い、油、おろ
ししょうがを絡める。

2 鍋に **1**、牛肉だし汁を入れ、
中火にかける。

3 沸騰したらアクをすくい取り、ときどき混ぜ
ながらふたをせずに15分煮込む。かさが減
りすぎたら途中で差し水をする。

POINT もっと粒感を崩したい場合は30分ほ
ど煮込んでもよい。

4 食べやすく切った牛肉を加え、火が通ったら
ヌクマム、塩で味をととのえる。

5 器に盛り、好みで小ねぎ、揚げ春雨、パクチー、
しょうがのせん切りなどをトッピングする。

〔材料〕 茶碗1杯分

白粥　　　　　〈トッピング〉
　… 茶碗1杯分　小ねぎの小口切り、
＊作り方はP13参照　だししょうゆ
卵 … 1個　　　… 各適量

〔作り方〕

1 白粥を温め、器に盛る。

2 卵を割り、おかゆにのせ、小
ねぎを散らし、だししょうゆ
をかける。

＊卵を崩しておかゆに混ぜながら召
し上がれ！

─ COLUMN ─

生米から作るおかゆはラク？

おかゆにはいろいろな作り方がありますが、わた
しの作り方の特徴として、生米から作るのが基本
であることと、浸水時間を設けていないことがあ
ります。ごはんを炊く時間をカウントせず調理時
間だけをみれば、ごはんから作るおかゆのほうが

時短ではあるのですが、手間の面で、生米からの
ほうがラクだとわたしは感じます。鍋につきっき
りの時間が、生米からのほうが圧倒的に短いので
す。お米の浸水をスキップしても、「蒸らし」の工
程を入れれば、おかゆがふっくら仕上がるのもぜ
ひ知っていただきたいポイントです。自分の暮ら
しにあった「ラク」で選んでみてくださいね。

湿度が高い日は梅バリア

焼き梅と白粥

材料) 茶碗1杯分

白粥 … 茶碗1杯分
＊作り方はP13参照
梅干し(薄皮で肉厚のもの)
　… 大1個

作り方)

1 梅干しをアルミホイルで包み、トースターで焼く。またはラップに包み、600Wの電子レンジで50秒ほど加熱する。

2 白粥を温め、器に盛る。

3 梅干しを添える。

翌朝におたのしみをつくりましょ

卵黄のしょうゆ漬けのせ粥

材料) 茶碗1杯分

白粥 … 茶碗1杯分
＊作り方はP13参照
〈卵黄のしょうゆ漬け〉
　卵黄 … 1個分
　だししょうゆ … 大さじ1

作り方)

1 卵黄のしょうゆ漬けを作る。卵黄より一回り大きい器に、卵黄、だししょうゆを入れ、ラップをして冷蔵庫で一晩寝かせる。

2 白粥を温め、器に盛る。卵黄のしょうゆ漬けをのせる。

COLUMN

しんどいときは明日にたのしみを仕込む

気持ちが沈んでいるときや、翌日に気が重い予定があるとき、夜のうちに翌朝のおかゆを「仕込む」ことにしています。たとえば、昆布だしの用意をしたり。一晩寝かせる工程があるおかゆのお供を用意したり。これだけで、お布団の中で「明日の朝は〇〇がある!」と思えるのです。明日の自分に「ファイト!」を仕込み、昨日の自分からのエールを受け取る、自分の支え方! 自分をととのえる方法を知るたびに自信がわいてきます。

イカしてるぜ
あたりめ粥

5月

（　作り方　）

1 あたりめを一口大に切り、水に30分ほど浸す。

2 鍋によく洗った米、あたりめ、水を入れる。このとき、あたりめのもどし汁も含めて水が750mℓになるように調節する。ふたをせずに鍋を中火にかける。

3 沸騰してきたら、鍋底から米粒をはがすように玉じゃくしでゆっくり混ぜる。鍋に菜箸を渡し、ふたをして弱火で30分煮込む。

4 塩で味をととのえる。鍋全体をゆっくり混ぜて火を止め、ふたをして5分蒸らす。

5 器に盛り、好みでとろろ昆布と梅干しをのせる。

（　材料　）　茶碗2杯分

あたりめ … 15g
米 … ½合（約75g）
水 … 750mℓ
塩 … 小さじ½
〈トッピング〉
　とろろ昆布、梅干し
　… 各適宜

ごまの油分でうるおいチャージ

すりごま粥

5月

(作り方)

1 ごまは、すり鉢に入れてすり、香りを立たせる。

2 鍋によく洗った米、**1** のすりごま、水を入れる。具材のかたよりがないようにならして、ふたをせずに中〜強火にかける。

3 沸騰してきたら、鍋底から米粒をはがすように玉じゃくしでゆっくり混ぜる。鍋に菜箸を渡し、ふたをしてふつふつと波打つ程度の弱〜中火で30分煮込む。

4 塩で味をととのえる。鍋全体をゆっくり混ぜて火を止め、ふたをして5分蒸らす。

5 器に盛り、梅干し、しそをのせる。

(材料)　茶碗2杯分

白いりごま … 大さじ1
米 … ½合（約75g）
水 … 750㎖
塩 … 小さじ½
〈トッピング〉
　梅干し、青じそのせん切り
　　… 各適量

紅しょうが粥

カーッと温め汁をかこう

材料　茶碗2杯分

紅しょうが … 20g
米 … ½合（約75g）
水 … 700㎖
紅しょうがの漬け汁 … 大さじ2
塩 … 適量
〈トッピング〉
　白いりごま、カリカリ梅
　　… 各適量
　紅しょうが … 適宜

作り方

1　鍋によく洗った米、水を入れる。かたよりがないようにならして、ふたをせずに中〜強火にかける。

2　沸騰してきたら、鍋底から米粒をはがすように玉じゃくしでゆっくり混ぜる。鍋に菜箸を渡し、ふたをしてふつふつと波打つ程度の弱〜中火で30分煮込む。

3　紅しょうがと紅しょうがの漬け汁をおかゆに混ぜ込む。鍋全体をゆっくり混ぜて火を止める。

4　塩で味をととのえ、ふたをして、5分蒸らす。

5　器に盛り、ごま、カリカリ梅をトッピングし、好みで紅しょうがを散らす。

5月

煮込み梅干し粥

梅はその日の難逃れ

材料　茶碗2杯分

梅干し … 大2個
米 … ½合（約75g）
水 … 750㎖
塩 … 適量

作り方

1　鍋によく洗った米、軽くつぶした梅干し、水を入れる。具材のかたよりがないようにならして、ふたをせずに中〜強火にかける。

2　沸騰してきたら、鍋底から米粒をはがすように玉じゃくしでゆっくり混ぜる。鍋に菜箸を渡し、ふたをしてふつふつと波打つ程度の弱〜中火で30分煮込む。

3　味をみて塩でととのえる。鍋全体をゆっくり混ぜて火を止め、ふたをして5分蒸らし、器に盛る。

定番２種、味の違いをたのしんで

塩昆布＆昆布の佃煮のせ粥

（材料） 茶碗１杯分

塩昆布 … 適量
昆布の佃煮 … 適量
白粥 … 茶碗１杯分
＊作り方はP13参照

（作り方）

1 白粥を温める。

2 器に盛り、塩昆布、昆布の佃煮をのせる。

焼きバナナ系！中国のおかゆをヒントに

バナ粥（香蕉粥 シャンジャオジョウ）

（材料） 茶碗２杯分

バナナ … １本
米 … ½合（約75g）
水 … 800㎖
砂糖 … 大さじ２
塩 … 小さじ⅓
〈トッピング〉
│ シナモンパウダー、
│ カカオニブ … 各適宜
＊かための若いバナナを使用しました。

（作り方）

1 鍋によく洗った米、水を入れ、ふたをせずに中火にかける。

2 沸騰してきたら、鍋底から米粒をはがすように玉じゃくしでゆっくり混ぜる。鍋に菜箸を渡し、ふたをして弱火で20分煮込む。

3 1㎝幅に輪切りにしたバナナを加え、再び菜箸を渡し、ふたをしてさらに弱火で10分煮る。

4 砂糖、塩で味をととのえる。全体を混ぜて火を止め、ふたをして5分蒸らす。

5 器に盛り、好みでシナモンパウダーやカカオニブをトッピングする。

自分にごほうび甘いみつ

大学芋風粥

作り方

1 鍋によく洗った米、水を入れ、ふたをせず
　に中火にかける。さつまいもは乱切りにし
　て、水にさらしておく。

2 沸騰してきたら、鍋底から米粒をはがすよ
　うに玉じゃくしでゆっくり混ぜる。鍋に菜
　箸を渡し、ふたをして弱火で20分煮込む。

3 水気をきったさつまいもを加え、再び菜箸
　を渡し、ふたをしてさらに弱火で10分煮る。

4 塩で味をととのえる。鍋全体をゆっくり混
　ぜて火を止め、ふたをして5分蒸らす。

5 別の鍋にたれの材料をすべて入れて、とろ
　みがつくまで中火で煮る。

6 器におかゆを盛り、5 のたれをかける。

材料　茶碗2杯分

さつまいも … 小1本
米 … ½合（約75g）
水 … 750㎖
塩 … 小さじ½
〈たれ〉
　砂糖 … 大さじ4
　水 … 大さじ1
　しょうゆ … 大さじ1
　みりん … 小さじ1
　はちみつ … 小さじ1
　黒いりごま … 適宜

朝食バイキングでも作れる

ふわたま粥

（材料） 茶碗1杯分

白粥 … 茶碗1杯分
＊作り方はP13参照
〈スクランブルエッグ〉
卵 … 2個
牛乳 … 大さじ2
塩、こしょう … 各少々
バター … 10g
〈トッピング〉
黒こしょう、しょうゆ … 各適宜

（作り方）

1 スクランブルエッグを作る。ボウルに卵、牛乳、塩、こしょうを入れて混ぜ、バターを溶かしたフライパンに流し、混ぜながら中火で半熟状に仕上げる。

2 白粥を温め、器に盛り、1 をのせて黒こしょうをふり、しょうゆをたらす。

我が家のニラ料理といえばコレ

中華風にら粥（韮菜粥）
（ジョウツァイジョウ）

（材料） 茶碗2杯分

にら … ½束　　　ごま油 … 小さじ1
米 … ½合（約75g）　塩 … 小さじ½
水 … 700㎖　　　卵黄 … 2個分

（作り方）

1 にらはざく切りにする。鍋によく洗った米、にら、ごま油を入れて絡める。

2 水を加え、ふたをせずに中〜強火にかける。

3 沸騰してきたら、鍋底から米粒をはがすように玉じゃくしでゆっくり混ぜる。鍋に菜箸を渡し、ふたをしてふつふつと波打つ程度の弱〜中火で30分煮込む。

4 塩で味をととのえる。鍋全体をゆっくり混ぜて火を止め、ふたをして5分蒸らす。

5 器に盛り、卵黄をのせる。

猫舌さんにもおすすめ

粥かけ卵豆腐

材料 茶碗1杯分

卵豆腐（市販品）… 1個
白粥 … 茶碗1杯分
＊作り方はP13参照
〈トッピング〉
｜小ねぎの小口切り … 適量

作り方

1 白粥を温める。

2 器に卵豆腐を入れる。

3 白粥をかけ、小ねぎをのせる。

＊卵豆腐には付属のたれをかけて。
　豆腐に替えてもおいしいです。

6月

塩分とりすぎメシの翌朝に

おかひじき粥

材料 茶碗1杯分

おかひじき … 少々
白粥 … 茶碗1杯分
＊作り方はP13参照

作り方

1 おかひじきは小さく切る。

2 白粥を温め、おかひじきを混ぜ込む。

3 器に盛る。

パッと朝食にもキュンを仕込んで

チーズのみそ漬けのせ粥

作り方

1 器の底におかかを敷き詰める。

2 白粥をあつあつに温めて1の器に盛る。

3 チーズのみそ漬けをのせ、ねぎをのせて、黒こしょうをふる。

材料　茶碗1杯分

チーズのみそ漬け … 1〜2かけ
白粥 … 茶碗1杯分
＊作り方はP13参照
おかか（削りかつお＋白いりごま＋砂糖＋
　しょうゆ各少々を混ぜたもの）… 適量
〈トッピング〉
　ねぎの小口切り、黒こしょう
　　… 各適量

古代米ブレンド粥

少量で穀物の力強さを感じる

材料 茶碗2杯分

古代米（緑米、赤米など）
… 大さじ1
米 … ½合（約75g）
水 … 750㎖
塩 … 小さじ⅓

作り方

1 鍋によく洗った米、さっと洗った古代米、水を入れ、ふたをせずに中火にかける。

2 沸騰してきたら、鍋底から米粒をはがすように玉じゃくしでゆっくり混ぜる。鍋に菜箸を渡し、ふたをして弱火で30分煮込む。

3 さっとアクをすくい取り、塩で味をととのえる。鍋全体をゆっくり混ぜて火を止め、ふたをして5分蒸らす。

4 器に盛る。

昆布だし粥

お米の甘み際立つ

6月

材料 茶碗2杯分

昆布だし汁（昆布5cm角＋水）
… 800㎖
米 … ½合（約75g）
塩 … 小さじ⅓〜
〈トッピング〉
｜とろろ昆布 … 適量

作り方

1 昆布だし汁を作る。昆布はさっとすすぎ、たっぷりの水に浸す。最低3時間、できれば一晩浸ける。昆布は取り出す。

2 鍋によく洗った米、昆布だし汁を入れる。かたよりがないようにならして、ふたをせずに中〜強火にかける。

3 沸騰してきたら、大きなアクをすくい取る。

4 鍋底から米粒をはがすように玉じゃくしでゆっくり混ぜる。鍋に菜箸を渡し、ふたをしてふつふつと波打つ程度の弱〜中火で30分煮込む。

5 さっとアクをすくい取り、塩で味をととのえる。鍋全体をゆっくり混ぜて火を止め、ふたをして5分蒸らす。

6 器に盛り、とろろ昆布をのせる。

野菜の王様を親しみやすく

バターコーンのケール粥

作り方

1 ケールはやわらかい葉の部分を細かく刻む。

POINT 包丁で普通に刻んでもよいが、傷がつきにくいガラス容器にちぎり入れ、キッチンバサミを突っ込むようにして刻むと飛び散らなくてラク。

2 フライパンにバターを熱し、コーンを炒める。塩、こしょうで味をととのえる。

3 白粥を温め、ケールを加えて混ぜ込む。

4 器に盛り、**2** のバターコーンをのせ、黒こしょうをふる。

＊炒めるのに比べ、甘みは落ちますが、コーン、バターを600Wの電子レンジで30秒ほど温め、塩、こしょうで味をととのえる方法も。

材料　茶碗2杯分

カーリーケール … 1枚
コーン水煮缶 … ½缶
バター … 1かけ（10g）
白粥 … 茶碗2杯分
＊作り方はP13参照
塩、こしょう … 各適量
〈トッピング〉
│ 黒こしょう … 少々

112

後入れレタスで食感ちょい足し

レタスと貝柱のおかゆ

（材料） 茶碗2杯分

割れ干し貝柱 … 大さじ2
レタス … 1枚
米 … ½合（約75g）
水 … 約700㎖
塩 … 小さじ½
〈トッピング〉
生こしょうの塩漬け … 適宜

（作り方）

1 貝柱はたっぷりの水で浸し、一晩置く。

2 鍋によく洗った米、貝柱、水を入れる。このとき貝柱のもどし汁も含めて水が700㎖になるよう調節する。具材のかたよりがないようにならして、ふたをせずに中〜強火にかける。

3 沸騰してきたら、鍋底から米粒をはがすように玉じゃくしでゆっくり混ぜる。鍋に菜箸を渡して、ふたをしてふつふつと波打つ程度の弱〜中火で30分煮込む。

4 さっとアクをすくい取り、塩で味をととのえる。鍋全体をゆっくり混ぜて火を止める。ふたをして5分蒸らす。レタスを鍋にちぎり入れ、おかゆに混ぜ込む。

5 器に盛り、好みで生こしょうの塩漬けを添える。

パンチ効かせて気分上げてこ！

中華風にんにく粥
ベビースターラーメン添え

（材料） 茶碗2杯分

にんにく … 2片
米 … ½合（約75g）
ごま油 … 小さじ1
水 … 700㎖
塩 … 小さじ½〜
〈トッピング〉
ベビースターラーメン（市販品） … 適量
黒こしょう、ラー油 … 各適宜

（作り方）

1 鍋によく洗った米、にんにくを入れ、ごま油を絡める。

2 水を加え、かたよりがないようにならして、ふたをせずに中〜強火にかける。

3 沸騰してきたら、鍋底から米粒をはがすように玉じゃくしでゆっくり混ぜる。鍋に菜箸を渡して、ふたをしてふつふつと波打つ程度の弱〜中火で30分煮込む。

4 さっとアクをすくい取り、塩で味をととのえる。鍋全体をゆっくり混ぜて火を止め、ふたをして5分蒸らす。

5 器に盛り、ベビースターラーメンをのせる。好みで黒こしょうやラー油をかける。

湿度のモヤモヤを香りですっきり
セロリみょうが粥

〔**材料**〕 茶碗2杯分

セロリ … ½～1本
みょうが … 2個
米 … ½合(約75g)
水 … 700ml
塩 … 小さじ½

〈トッピング〉
白いりごま、
塩昆布
… 少々

〔**作り方**〕

1 セロリは大きな筋をとり、1cm角に切る。

2 鍋によく洗った米、セロリ、水を入れる。具材のかたよりがないようにならして、ふたをせずに中～強火にかける。

3 沸騰してきたら、鍋底から米粒をはがすように玉じゃくしでゆっくり混ぜる。鍋に菜箸を渡し、ふたをしてふつふつと波打つ程度の弱～中火で30分煮込む。

4 さっとアクをすくい取り、塩で味をととのえる。鍋全体をゆっくり混ぜて火を止め、ふたをして5分蒸らす。

5 器に盛り、小口切りにしたみょうがをのせ、塩昆布を添え、ごまをふる。

＊みょうがの香り成分は揮発性のため、盛りつけの直前に刻むのがポイントです！

＊お好みでごま油や塩をかけても。

元気色のハレ粥
黄粥（くちなし粥）

〔**材料**〕 茶碗2杯分

くちなしの実 … 2～3個
米 … ½合(約75g)
水 … 750ml
塩 … 小さじ⅓
〈トッピング〉
　黒いりごま … 少々

〔**作り方**〕

1 くちなしの実を割ってお茶パックに入れる。

（**POINT**）くちなしはキッチンバサミの柄の部分に挟んで割る。めん棒で叩いたり、包丁で傷つけてもOK。

2 鍋によく洗った米、**1**のくちなし、水を入れる。かたよりがないようにならして、ふたをせずに中～強火にかける。

3 沸騰してきたら、くちなしのパックを取り出し、鍋底から米粒をはがすように玉じゃくしでゆっくり混ぜる。鍋に菜箸を渡し、ふたをしてふつふつと波打つ程度の弱～中火で30分煮込む。

4 さっとアクをすくい取り、塩で味をととのえる。鍋全体をゆっくり混ぜて火を止め、ふたをして5分蒸らす。

5 器に盛り、ごまをふる。

（作り方）

1 鍋によく洗った米、もち麦、水を入れる。

＊米½合（約75g）に対して、もち麦大さじ2（約30g）。おかゆは「米：もち麦＝3：1」ぐらいの比率が多すぎず少なすぎず、ちょうどよいバランスでおすすめです。

2 ふつふつと沸くまでふたをせずに中〜強火にかける。

3 沸騰してきたら、鍋底から米粒をはがすように玉じゃくしでゆっくり混ぜる。

POINT　もち麦は吸水率がよいため、鍋底に張りつきやすい。この工程でしっかりと鍋底からはがすように混ぜておくと、焦げつきを予防できる。

4 鍋に菜箸を渡し、ふたをしてふつふつと波打つ程度の弱〜中火で30分煮込む。

5 塩で味をととのえる。鍋全体をゆっくり混ぜて火を止め、ふたをして5分蒸らす。

6 器に盛り、すりおろした長芋に卵黄などを混ぜたとろろをかけ、青のりをふる。

（材料）　茶碗2杯分

もち麦 … 大さじ2（約25g）
米 … ½合（約75g）
水 … 700㎖
塩 … 小さじ⅓
〈とろろ〉
　長芋 … 200〜300g
　卵黄 … 1個分
　好みでめんつゆやしょうゆなど … 適量
〈トッピング〉
　青のり … 適量

（材料）　茶碗2杯分

豆苗 … 約⅙パック　〈トッピング〉
（20g）　　　　　｜桜えび
米 … ½合（約75g）　｜… 少々
水 … 700㎖
塩 … 小さじ⅓

（作り方）

1 鍋によく洗った米、水を入れる。かたよりがないようにならして、中〜強火にかける。

2 鍋の様子を見ながら豆苗の下ごしらえをする。キッチンバサミで5〜10㎝長さに切る。

3 沸騰してきたら、鍋底から米粒をはがすように玉じゃくしでゆっくり混ぜる。鍋に菜箸を渡し、ふたをしてふつふつと波打つ程度の弱〜中火で30分煮込む。

4 塩で味をととのえる。鍋全体をゆっくり混ぜて火を止める。

5 豆苗をおかゆの上に置き、ふたをして5分蒸らす。

6 器に盛り、桜えびを飾る。

自然な甘味の養生スイーツ

ドライフルーツ粥

(**材料**) 茶碗2杯分

ドライフルーツ（レーズン、プルーン、
　いちじく、アプリコットなど）
　… 50〜100g
もち米 … ½合（約75g）
水 … 750㎖
塩 … 小さじ⅓
〈トッピング〉
｜シナモンパウダー… 適宜

＊使うドライフルーツにもよりますが、普
　通のお米を使う場合は水を50㎖増や
　して800㎖で作るとちょうどよいです。
　もち米よりもとろみが出にくいため、水
　分量で調節してください。

(**作り方**)

1　ドライフルーツをレーズンくら
　いの大きさに刻む。

2　鍋に洗ったもち米、ドライフル
　ーツ、水を入れる。具材のかた
　よりがないようにならして、ふ
　たをせずに中〜強火にかける。

3　沸騰してきたら、鍋底から米粒をはがす
　ように玉じゃくしでゆっくり混ぜる。鍋
　に菜箸を渡し、ふたをしてふつふつと波
　打つ程度の弱〜中火で30分煮込む。

4　さっとアクをすくい取り、塩で味をとと
　のえる。鍋全体をゆっくり混ぜて火を止
　め、ふたをして5分蒸らす。

5　器に盛り、好みでシナモンパウダーをふる。

照りとコクにうっとり

本みりん粥

(**材料**) 茶碗2杯分

本みりん … 小さじ1
米 … ½合（約75g）
水 … 700㎖
塩 … 小さじ⅓
〈トッピング〉
｜カリカリ梅… 2個

(**作り方**)

1　鍋によく洗った米、本みりん、
　水を入れる。かたよりがない
　ようにならして、ふたをせず
　に中〜強火にかける。

2　沸騰してきたら、鍋底から米
　粒をはがすように玉じゃくし
　でゆっくり混ぜる。鍋に菜箸
　を渡し、ふたをしてふつふつ
　と波打つ程度の弱〜中火で
　30分煮込む。

3　塩で味をととのえる。鍋全体をゆっくり混
　ぜて火を止め、ふたをして5分蒸らす。

4　器に盛り、カリカリ梅をのせる。

　＊お好みでしらすや青じそとご一緒にどうぞ。

今日のごはんの主役はこのコ

牛すじ粥

6月

作り方

1 鍋によく洗った米、一口大に切った牛すじ、5mm幅に切ったセロリ、水を入れる。

POINT 牛すじの下処理をしたときのゆで汁があれば、水に200〜400mℓほど加えて750mℓにしてもよい。

2 具材のかたよりがないようにならして、ふたをせずに中〜強火にかける。

3 沸騰してきたら、鍋底から米粒をはがすように玉じゃくしでゆっくり混ぜる。鍋に菜箸を渡し、ふたをしてふつふつと波打つ程度の弱〜中火で30分煮込む。

4 アクをすくい取り、塩で味をととのえる。鍋全体をゆっくり混ぜて火を止め、ふたをして5分蒸らす。

5 器に盛り、粒マスタード、パセリを添える。

材料 茶碗2杯分

牛すじ（下処理を済ませたもの）
… 50〜70g
米 … ½合（約75g）
水 … 750mℓ
セロリ … 約15cm
塩 … 小さじ1
〈トッピング〉
粒マスタード、パセリ
… 各適量

＊セロリはくさみ消しとして加えました。
セロリがない場合は長ねぎの青い部分
などを入れるとよいです。

明太子豆乳粥

つぶつぶこってりごきげん粥

材料 茶碗2杯分

明太子 … ½本
豆乳 … 300㎖
米 … ½合（約75g）
水 … 500㎖
塩 … 小さじ½〜

〈トッピング〉
明太子、青じそ、
刻み海苔、
黒こしょう
… 各適量

作り方

1 鍋によく洗った米、水を入れる。かたよりがないようにならして、ふたをせずに中〜強火にかける。

2 鍋の様子を見ながら、下ごしらえをする。豆乳は冷蔵庫から出して計量し常温に置く。明太子は薄皮から身をこそげる。

3 沸騰してきたら、鍋底から米粒をはがすように玉じゃくしでゆっくり混ぜる。鍋に菜箸を渡し、ふたをしてふつふつと波打つ程度の弱〜中火で20分煮込む。

4 豆乳を加えてゆっくり混ぜ、一度中火にする。表面がふつふつしてきたら、再び菜箸を渡し、ふたをして、ごく弱火で10分煮る。

5 膜をすくい取り、明太子を加えて混ぜ込む。味をみて、塩でととのえる。鍋全体をゆっくり混ぜて火を止め、ふたをして5分蒸らす。

6 器に盛り、明太子、しそ、海苔、黒こしょうをトッピングする。

＊お好みでしょうゆをかけて召し上がれ！

大根セロリ粥

じっとり雨の気だるさリセット

材料 茶碗2杯分

大根 … 2㎝
セロリ … 10㎝
米 … ½合（約75g）
水 … 750㎖
塩 … 小さじ½

〈トッピング〉
セロリ、しらす
… 各適量

作り方

1 大根は角切りにする。セロリはかたそうな筋を取り、食べやすい大きさに切る。トッピング用のセロリはピーラーでスライスする。

2 鍋によく洗った米、大根、セロリ、水を入れる。具材のかたよりがないようにならして、ふたをせずに中〜強火にかける。

3 沸騰してきたら、鍋底から米粒をはがすように玉じゃくしでゆっくり混ぜる。鍋に菜箸を渡し、ふたをしてふつふつと波打つ程度の弱〜中火で30分煮込む。

4 さっとアクをすくい取り、塩で味をととのえる。鍋全体をゆっくり混ぜて火を止め、ふたをして5分蒸らす。

5 器に盛り、トッピング用のセロリ、しらすをのせる。

お疲れ胃腸にパパッとメシ

おかゆのみそ汁

（**材料**）茶碗1杯分

みそ汁 … 1杯分
白粥 … 茶碗1杯分
＊作り方はP13参照

（**作り方**）

1 みそ汁はあつあつに温める。

＊お粥は冷たくても温かくても
大丈夫。

2 みそ汁に白粥を入れる。

3 器に盛る。

内側から紫外線対策

トマトジュース粥

6
月

（**材料**）茶碗2杯分

トマトジュース（無塩）… 200㎖
米 … ½合（約75g）
水 … 500〜600㎖
塩 … 小さじ½
〈トッピング〉
| さけるチーズ、刻みパセリ、
| 黒こしょう … 各適量
＊トマトジュースのとろみが加わるため、
吹きこぼれやすくなります。土鍋など
焦げつきやすい鍋や浅い鍋は避けたほ
うが無難です。

（**作り方**）

1 鍋によく洗った米、トマトジ
ュース、水を入れる。具材の
かたよりがないようにならし
て、ふたをせずに中〜強火に
かける。

2 沸騰してきたら、鍋底から米
粒をはがすように玉じゃくし
でゆっくり混ぜる。鍋に菜箸
を渡し、ふたをしてふつふつ
と波打つ程度の弱〜中火で
30分煮込む。

POINT トマトジュースのとろみで焦げつき
やすくなるため、途中1〜2度混ぜ
ると焦げつき予防になる。

3 塩で味をととのえる。鍋全体をゆっくり混
ぜて火を止め、ふたをして5分蒸らす。

4 器に盛り、さけるチーズ、パセリ、黒こし
ょうをトッピングする。

森のバターはおかゆとなかよし

アボカド粥

作り方

1 鍋によく洗った米、水を入れる。かたよりがないようにならして、ふたをせずに中〜強火にかける。

2 沸騰してきたら、鍋底から米粒をはがすように玉じゃくしでゆっくり混ぜる。鍋に菜箸を渡し、ふたをしてふつふつと波打つ程度の弱〜中火で20分煮込む。

3 アボカドの下ごしらえをする。皮をむき、半分は煮込み用の角切りに、もう半分はトッピング用に薄く切る。

4 煮込み用のアボカドを加えて再び菜箸を渡し、ふたをしてさらに10分煮る。

5 塩で味をととのえる。鍋全体をゆっくり混ぜて火を止め、ふたをして5分蒸らす。

6 器に盛り、トッピング用のアボカドをのせ、わさび、おかかを添える。

材料 茶碗2杯分

アボカド … ½個
米 … ½合(約75g)
水 … 700mℓ
塩 … 小さじ½
〈トッピング〉
　アボカド … ½個
　練りわさび … 少々
　おかか(削りかつお+砂糖+
　　しょうゆ各少々を混ぜたもの)
　　… 適量

ほんのり洋風おめかし
コンソメ粥

〈材料〉 茶碗2杯分

顆粒コンソメ … 小さじ1
米 … ½合（約75g）
水 … 700ml
塩 … 少々
〈トッピング〉
　パプリカ … 20g
　黒こしょう … 少々

〈作り方〉

1 鍋によく洗った米、コンソメ、水を入れる。かたよりがないようにならして、ふたをせずに中〜強火にかける。

2 沸騰してきたら、鍋底から米粒をはがすように玉じゃくしでゆっくり混ぜる。鍋に菜箸を渡し、ふたをしてふつふつと波打つ程度の弱〜中火で30分煮込む。

3 味をみて塩でととのえる。鍋全体をゆっくり混ぜて火を止め、ふたをして5分蒸らす。

4 器に盛り、小さく切ったパプリカと黒こしょうをトッピングする。

6月

見た目以上にグルメ度高い
海苔の佃煮＆卵黄のせ粥

〈材料〉 茶碗1杯分

海苔の佃煮 … 大さじ2程度
卵黄 … 1個
白粥 … 茶碗1杯分
＊作り方はP13参照
〈トッピング〉
　白いりごま … 少々

〈作り方〉

1 白粥を温めて器に盛る。

2 海苔の佃煮と卵黄をのせ、ごまをふる。

麦茶粥

サラサラのおかゆでミネラル補給

材料　茶碗2〜3杯分

麦茶パック … 1個
米 … ½合（約75g）
水 … 1000㎖
塩 … 小さじ⅓

＊麦茶には身体にこもった熱をとり、暑気あたりを予防する働きがあるのだとか。ノンカフェインである点も魅力です。

作り方

1　深さのある鍋に水を入れて、ふたをせずに強火にかける。この間に米を洗う。

2　沸騰したら米、麦茶パックを鍋に入れる。再び沸いたら、鍋底から米粒をはがすように玉じゃくしでゆっくり混ぜ、ふたをせずに15分ほど中〜強火にかける。ぐるんぐるんと米を対流で躍らせながら煮込む。

POINT　お茶の色が濃い目に出たら麦茶パックを取り出す。

3　さっとアクをすくい取り、塩で味をととのえる。鍋全体をゆっくり混ぜて火を止め、ふたをして5分蒸らす。

4　器に盛る。

＊梅干しや佃煮、みそなど好みのものを添えて。

6月

レタスたまご粥

葉物を足して完全栄養食

材料　茶碗2杯分

たまご粥 … 茶碗2杯分
＊作り方はP16参照
レタス … 1〜2枚
〈トッピング〉
　白いりごま … 少々

作り方

1　たまご粥を作り、温める。

2　レタスをちぎって加え、混ぜ込む。

3　器に盛り、ごまをふる。

パワー系美容粥

鶏皮にんにく粥

6
月

作り方

1 鍋に洗った米、一口大に切った鶏皮、皮をむいて薄切りにしたにんにく、水を入れる。具材のかたよりがないようにならして、ふたをせずに中〜強火にかける。

2 沸騰してきたら、鍋底から米粒をはがすように玉じゃくしでゆっくり混ぜる。鍋に菜箸を渡し、ふたをしてふつふつと波打つ程度の弱〜中火で30分煮込む。

3 アクをすくい取り、塩で味をととのえる。鍋全体をゆっくり混ぜて火を止め、ふたをして5分蒸らす。

4 器に盛り、好みでスプラウトを飾り、黒こしょうをふる。

材料　茶碗2杯分

鶏皮 … 50〜100g
にんにく … 1〜3片
米 … ½合（約75g）
水 … 750㎖
塩 … 小さじ½〜
〈トッピング〉
　スプラウト、黒こしょう
　　… 各適宜

糸引くおかゆが後を引く

じゃこモロヘイヤ粥

作り方

1 鍋によく洗った米、じゃこ、水を入れ、ふつふつと沸くまで、ふたをせずに中火にかける。

2 沸騰してきたら、鍋底から米粒をはがすように玉じゃくしでゆっくり混ぜる。鍋に菜箸を渡し、ふたをして弱火で30分煮込む。

3 塩で味をととのえる。鍋全体をゆっくり混ぜて火を止め、ふたをして5分蒸らす。

4 別鍋でゆでて、刻んでおいたモロヘイヤを加えて混ぜる。

5 器に盛り、好みでごまをふってしょうゆをたらす。

材料　茶碗2杯分

モロヘイヤ … ½束
ちりめんじゃこ … ふたつまみ
米 … ½合（約75g）
水 … 750㎖
塩 … 小さじ½
〈トッピング〉
｜ 白いりごま … 適宜

＊市販されているモロヘイヤを使用。自家栽培のモロヘイヤには、毒性がある部位があるため、情報を十分に確認してからお召し上がりください。
＊お好みでしょうゆをかけて召し上がれ！

7／2

ちょい洋なおめかし肉粥

ローリエ牛肉粥

(材料) 茶碗2杯分

牛バラ薄切り肉 … 約100g
ローリエ … 1枚
米 … ½合（約75g）
水 … 750㎖
塩 … 小さじ1
〈トッピング〉
　黒こしょう、おろしホースラディッ
　シュ … 各適量

＊牛肉は好みのスパイスで下味をつけます。シンプルに塩、こしょうでもいいですが、塩＆クローブ、塩＆オールスパイス、塩＆クミンなどもおすすめです。

(作り方)

1　鍋によく洗った米、水を入れ、ふたをせずに中火にかける。

2　沸騰してきたら、鍋底から米粒をはがすように玉じゃくしでゆっくり混ぜる。鍋に菜箸を渡し、ふたをして弱火で15分煮込む。

3　牛肉は塩、クローブ各少々（分量外）をふり、手で広げるようにして鍋に加える。ローリエも加え、再び菜箸を渡してふたをし、さらに弱火で15分煮る。

4　ローリエを取り出し、さっとアクをすくい取り、塩で味をととのえる。鍋全体をゆっくり混ぜて火を止め、ふたをして5分蒸らす。

5　器に盛り、黒こしょうをふり、ホースラディッシュを添える。

7／3

リピート率めちゃ高

イカ塩辛中華風粥

(材料) 茶碗2杯分

イカの塩辛 … 60g
米 … ½合（約75g）
ごま油 … 小さじ1
水 … 750㎖
おろししょうが … 小さじ1
塩 … 少々
〈トッピング〉
　青じそのせん切り、コーン水煮
　… 各適宜

(作り方)

1　鍋によく洗った米、ごま油を入れ、全体を絡めるように混ぜる。水を加えて、ふたをせずに中火にかける。塩辛は冷蔵庫から出し、常温に置く。

2　沸騰してきたら、鍋底から米粒をはがすように玉じゃくしでゆっくり混ぜる。鍋に菜箸を渡し、ふたをして弱火で25分煮込む。

3　塩辛、しょうがを加える。再び菜箸を渡し、ふたをして、さらに弱火で5分煮る。

4　塩で味をととのえる。鍋全体をゆっくり混ぜて火を止め、ふたをして5分蒸らす。

5　器に盛り、好みでしそ、コーンをのせる。

＊黒こしょうやバター、小ねぎ、チーズのトッピングもおすすめです。

（材料） 茶碗2杯分

さつまいも
　… 小1本（80〜150g）
米 … ½合（約75g）
水 … 700㎖
塩 … 小さじ½
〈トッピング〉
　はちみつ、レモンの半月切り、
　黒こしょう … 各適量

（作り方）

1 鍋によく洗った米、水を入れて、ふたをせずに中〜強火にかける。この間にさつまいもは乱切りにして、水にさらしておく。

7/4

あまずっぱキュン
はちみつレモン芋粥

7
月

2 沸騰してきたら、鍋底から米粒をはがすように玉じゃくしでゆっくり混ぜる。鍋に菜箸を渡し、ふたをしてふつふつと波打つ程度の弱〜中火で20分煮込む。

3 水気をきったさつまいもを加える。再び菜箸を渡し、ふたをしてさらに10分煮る。

4 さっとアクをすくい取り、塩で味をととのえる。鍋全体をゆっくり混ぜて火を止め、ふたをして5分蒸らす。

5 器に盛り、はちみつ、レモン、黒こしょうをトッピングする。

（材料） 茶碗1杯分

サラダチキン（市販品）… 適量
白粥 … 茶碗1杯分
＊作り方はP13参照
ごま油 … 小さじ¼
塩 … 少々
〈トッピング〉
　レモンの半月切り、白髪ねぎ、
　ミニトマト、黒こしょう
　… 各適宜

（作り方）

1 白粥を温め、器に盛る。

2 食べやすく切ったサラダチキンをのせ、レモン、白髪ねぎ、小さく切ったミニトマトを添える。黒こしょうをふりごま油と塩をかける。

7/5

コンビニで材料がそろう
サラダチキン粥

そうめん粥

つるりといただく

（材料） 茶碗2杯分

そうめん … ½束〜
米 … ½合（約75g）
水 … 700mℓ
塩 … 小さじ⅓〜
〈トッピング〉
　おろししょうが、
　小ねぎの小口切り、
　… 各適量

（作り方）

1 鍋によく洗った米、水を入れ、ふたをせずに中〜強火にかける。

2 沸騰してきたら、鍋底から米粒をはがすように玉じゃくしでゆっくり混ぜる。鍋に菜箸を渡し、ふたをしてふつふつと波打つ程度の弱〜中火で25分煮込む。

3 そうめんを加え、再び菜箸を渡してふたをし、さらに5分煮る。

4 塩で味をととのえる。鍋全体をゆっくり混ぜて火を止め、ふたをして5分蒸らす。

5 器に盛り、おろししょうが、小ねぎをのせる。

＊お好みでめんつゆをかけて召し上がれ！

天の川オクラ粥

星に願いを

（材料） 茶碗1杯分

オクラ … 2本
白粥 … 茶碗1杯分
＊作り方はP13参照
〈トッピング〉
塩麹 … 少々

（作り方）

1 オクラは板ずりをして、みじん切りにする。トッピング用に小口切りしたオクラを取っておく。

2 白粥を温め、オクラを加えて混ぜる。

3 器に盛り、トッピング用のオクラと塩麹をのせる。

ミネストローネ系のおいしさ

緑豆トマト粥

作り方

1 鍋によく洗った米、さっとすすいだ緑豆、水を入れて、ふたをせずに中〜強火にかける。

2 沸騰してきたら、鍋底から米粒をはがすように玉じゃくしでゆっくり混ぜる。鍋に菜箸を渡し、ふたをしてふつふつと波打つ程度の弱〜中火で20分煮込む。

3 1cm角に切ったトマトを加え、再び菜箸を渡してふたをし、さらに10分煮る。

4 さっとアクをすくい取り、塩で味をととのえる。鍋全体をゆっくり混ぜて火を止め、ふたをして5分蒸らす。

5 器に盛り、サワークリーム、黒こしょうをトッピングする。

材料 茶碗2杯分

緑豆 … 大さじ1
トマト … 1個
米 … ½合(約75g)
水 … 700mℓ
塩 … 小さじ½
〈トッピング〉
　サワークリーム、黒こしょう
　　… 各適量

(材料)　茶碗1杯分

茶碗蒸し（市販品）… 1個
白粥 … 茶碗1杯分
＊作り方はP13参照
〈トッピング〉
｜かいわれ大根 … 適量

(作り方)

1 白粥を温める。

2 器に盛り、茶碗蒸しをのせて
塩をふり、かいわれを散らす。

＊茶碗蒸しを崩しながらおかゆと
混ぜていただきます。

(材料)　茶碗2〜3杯分

ほうじ茶ティーバッグ … 1〜2個
米 … ½合（約75g）
水 … 1000㎖
塩 … 小さじ⅓
〈添え物〉
｜佃煮、梅干しなど … 各適宜

(作り方)

1 深さのある鍋に水を入れて、
ふたをして強火にかける。こ
の間に米を洗う。

2 沸騰したら米、ティーバッグ
を加える。再び沸いたら、鍋
底から米粒をはがすように玉
じゃくしでゆっくり混ぜる。

3 ふたをせずに10〜15分ほど
中〜強火にかける。ぐるんぐ
るんと米を対流で躍らせなが
ら煮込む。

(POINT) お茶の色が濃い目に出
たらティーバッグを取
り出す。

4 さっとアクをすくい取り、塩で味をととのえ
る。鍋全体をゆっくり混ぜて火を止め、5分
蒸らす。

(POINT) さめる間に米が水分を吸うので、普段
の茶粥よりも少しかための状態で火か
らおろすのがおすすめ。

5 鍋ごと氷水と流水でよく冷やす。

(POINT) 薄手の鍋で作り、鍋ごと冷やすとよい。

6 器に盛り、好みで佃煮や梅干しなどを添える。

風味しっかり

塩入りもち麦粥

(材料) 茶碗2杯分

もち麦 … 大さじ2
米 … ½合 (約75g)
水 … 750㎖
塩 … 小さじ⅓
〈トッピング〉
| みょうがの塩もみ … 適量

＊水700㎖だとぼってり、水750㎖
だととろみのある仕上がりになり
ます。
＊もち麦は「もち性の大麦」、押し麦・
丸麦は「うるち性の大麦」です。「ご
はんに混ぜて炊くだけ」と表記の
あるものなら、押し麦・丸麦でも同じ
作り方です。

(作り方)

1 鍋によく洗った米、もち麦、
塩ひとつまみ (分量外)、水を
入れる。かたよりがないよう
にならして、ふたをせずに中
〜強火にかける。

2 沸騰してきたら、鍋底から米粒をはがすよう
に玉じゃくしでゆっくり混ぜる。鍋に菜箸を
渡し、ふたをしてふつふつと波打つ程度の弱
〜中火で30分煮込む。

3 塩で味をととのえる。鍋全体をゆっくり混ぜ
て火を止め、ふたをして5分蒸らす。

4 器に盛り、みょうがをトッピングする。

夏のごちそう

枝豆チーズ粥

(材料) 茶碗2杯分

さやつき枝豆 … ½袋 (約100g)
さけるチーズ (市販品) … 1本
米 … ½合 (約75g)
水 … 700㎖
塩 … 小さじ⅓

(作り方)

1 枝豆は洗ってラップに包
み、600Wの電子レンジ
で1分ほど加熱する。粗
熱を取り、さやから実を
取り出し、ごく少量の塩
(分量外) を混ぜる。

2 鍋によく洗った米、1の
枝豆、水を入れて、ふたをせずに中〜強火にかける。

3 沸騰してきたら、鍋底から米粒をはがすように玉じ
ゃくしでゆっくり混ぜる。鍋に菜箸を渡し、ふたを
してふつふつと波打つ程度の弱〜中火で30分煮込
む。

4 さっとアクをすくい取り、塩で味
をととのえる。鍋全体をゆっくり
混ぜて火を止め、ふたをして5分
蒸らす。

5 器に盛り、さけるチーズをのせる。

ラム粥

わたしのスペシャリテ

〔 作り方 〕

1 鍋によく洗った米、水を入れて、ふたをせずに中〜強火にかける。この間ににんにくは薄切りにする。

2 沸騰してきたら、鍋底から米粒をはがすように玉じゃくしでゆっくり混ぜる。鍋に菜箸を渡し、ふたをしてふつふつと波打つ程度の弱〜中火で20分煮込む。

3 ラム肉、おろししょうが、にんにくを加え、再び菜箸を渡してふたをし、さらに10分煮る。

4 さっとアクをすくい取り、塩で味をととのえる。鍋全体をゆっくり混ぜて火を止め、ふたをして5分蒸らす。

5 器に盛り、クミン、パクチー、小さく切ったパプリカをのせる。

〔 材料 〕 茶碗2杯分

ラム薄切り肉 … 100g
米 … ½合（約75g）
水 … 700㎖
おろししょうが … 小さじ1
にんにく … 1片
塩 … 小さじ1
〈トッピング〉
　クミン、パクチー、赤パプリカ
　　… 各適量

7/14

煮汁もかけて

ひじきの煮物のせ粥

（材料）　茶碗1杯分

ひじきの煮物 … 適量
白粥 … 茶碗1杯分
＊作り方はP13参照
〈トッピング〉
｜白いりごま … 適量

（作り方）

1 白粥を温め、器に盛る。

2 ひじきの煮物をのせ、ご
　まをふる。

──────（ COLUMN ）──────

いつもの味をのせるおかゆ

こういう定番料理って、どれが一番おいしいっていうわ
けじゃなくて、いつもの味というのがほっとするんです
よね。ちょっぴり疲れたとき、いつもの味と、ごくごく
ふつうのおかゆに、ただいまをします。これだけで、「よ
し、今日も大丈夫！」と思えたりするから不思議です。

7/15

ドーナツ形にのせるのがコツ

とろろ昆布のせ粥

（材料）　茶碗1杯分

とろろ昆布 … 適量
白粥 … 茶碗1杯分
＊作り方はP13参照
〈トッピング〉
梅干し … 適量
しょうゆ … 適宜

（作り方）

1 白粥を温め、器に盛る。

2 とろろ昆布をドーナツ状
　にのせ、梅干しをのせ、
　好みでしょうゆをかける。

　＊とろろ昆布は水分を吸うと粘
　　り気が増すため、中心にこん
　　もり盛りつけると一気に口の
　　中に入って食べにくいです。
　　ドーナツ状に盛れば少しずつ
　　口に運べてGOOD◎

7／16

（材料） 茶碗2杯分

麦茶パック … 1個
米 … ½合（約75g）
水 … 700㎖
塩 … 小さじ⅓
〈トッピング〉
かいわれ大根（またはスプラウト）、梅干し … 各適宜

（作り方）

1 鍋によく洗った米、麦茶パック、水を入れる。かたよりがないようにならして、ふたをせずに中〜強火にかける。

2 沸騰してきたら、麦茶パックを取り出す。鍋底から米粒をはがすように玉じゃくしでゆっくり混ぜる。鍋に菜箸を渡してふたをし、ふつふつと波打つ程度の弱〜中火で30分煮込む。

3 さっとアクをすくい取り、塩で味をととのえる。鍋全体をゆっくり混ぜて火を止め、ふたをして5分蒸らす。

4 器に盛り、好みでかいわれ、梅干しをのせる。

（材料） 茶碗2杯分

とうもろこし … 1本
米 … ½合（約75g）
水 … 800㎖
塩 … 小さじ½

（作り方）

1 とうもろこしは皮をむき、包丁で削ぐようにして実を芯からはずす。

2 鍋によく洗った米、とうもろこしの実と芯、水を入れる。具材のかたよりがないようにならして、ふたをせずに中〜強火にかける。

3 沸騰してきたら、鍋底から米粒をはがすように玉じゃくしでゆっくり混ぜる。鍋に菜箸を渡し、ふたをしてふつふつと波打つ程度の弱〜中火で30分煮込む。

7／17

4 とうもろこしの芯を取り出し、さっとアクをすくい取る。塩で味をととのえる。鍋全体をゆっくり混ぜて火を止め、ふたをして5分蒸らす。

5 器に盛る。

＊とうもろこしの鮮度がポイントです。
　ぜひ朝採りとうもろこしで！

7 / 18

冷やしすぎお腹を温める

ほんのり黒米粥

材料 茶碗2杯分

黒米 … 小さじ1
米 … ½合（約75g）
水 … 700㎖
塩 … 小さじ⅓
〈トッピング〉
　クコの実（水でもどしたもの）
　　… 少々

作り方

1 鍋によく洗った米、黒米、水を入れる。かたよりがないようにならして、ふたをせずに中〜強火にかける。

2 沸騰してきたら、鍋底から米粒をはがすように玉じゃくしでゆっくり混ぜる。鍋に菜箸を渡し、ふたをしてふつふつと波打つ程度の弱〜中火で30分煮込む。

3 塩で味をととのえる。鍋全体をゆっくり混ぜて火を止め、ふたをして5分蒸らす。

4 器に盛り、クコの実を飾る。

7 / 19

つぶつぶアクセントがたのしい

海ぶどうのおかゆ

材料 茶碗2杯分

海ぶどう … 適量
米 … ½合（約75g）
水 … 700㎖
もち麦 … 小さじ1
塩 … 小さじ⅓
ポン酢しょうゆ … 適量
〈トッピング〉
　おろししょうが、レモンの薄切り
　　… 各適宜

作り方

1 鍋に洗った米、もち麦、水を入れる。かたよりがないようにならして、ふたをせずに中〜強火にかける。

2 沸騰してきたら、鍋底から米粒をはがすように玉じゃくしでゆっくり混ぜる。鍋に菜箸を渡し、ふたをしてふつふつと波打つ程度の弱〜中火で30分煮込む。

3 塩で味をととのえる。鍋全体をゆっくり混ぜて火を止め、ふたをして5分蒸らす。

4 器に盛り、海ぶどうをのせ、ポン酢をかけ、好みでしょうが、レモンをトッピングする。

緑豆粥（ムングダール粥）

むくみとほてりが気になる朝は

（材料） 茶碗2杯分

緑豆 … 大さじ1
米 … ½合（約75g）
水 … 750㎖
塩 … 小さじ½
〈トッピング〉
　トマト、もち麦（塩ゆでしたもの）、
　黒こしょう … 各適量

（作り方）

1 鍋によく洗った米、さっとすすいだ緑豆、水を入れる。かたよりがないようにならして、ふたをせずに中〜強火にかける。

2 沸騰してきたら、鍋底から米粒をはがすように玉じゃくしでゆっくり混ぜる。鍋に菜箸を渡し、ふたをしてふつふつと波打つ程度の弱〜中火で30分煮込む。

3 さっとアクをすくい取り、塩で味をととのえる。鍋全体をゆっくり混ぜて火を止め、ふたをして5分蒸らす。

4 器に盛り、トマト、もち麦をのせて黒こしょうをふる。

とうがん粥

じゅんわりやさしい懐かしい

（材料） 茶碗2杯分

とうがん … 100g
米 … ½合（約75g）
水 … 700㎖
塩 … 小さじ½
〈トッピング〉
　桜えび、おろししょうが
　… 各適量

（作り方）

1 とうがんは濃い緑色の皮をピーラーでむき、実を2〜3㎝角に切る。

2 鍋に洗った米、とうがん、水を入れる。具材のかたよりがないようにならして、ふたをせずに中〜強火にかける。

3 沸騰してきたら、鍋底から米粒をはがすように玉じゃくしでゆっくり混ぜる。鍋に菜箸を渡し、ふたをしてふつふつと波打つ程度の弱〜中火で30分煮込む。

4 さっとアクをすくい取り、塩で味をととのえる。鍋全体をゆっくり混ぜて火を止め、ふたをして5分蒸らす。

5 器に盛り、桜えび、しょうがをのせる。

身体がカーッと目覚める

黒にんにく粥

（材料） 茶碗2杯分

黒にんにく … 2片
米 … ½合（約75g）
ごま油 … 小さじ1
水 … 750mℓ
塩 … 小さじ½
〈トッピング〉
│ 白髪ねぎ、クコの実
　（水でもどしたもの）
　… 各適量

（作り方）

1 鍋に洗った米、黒にんにくを入れ、にんにくを軽くつぶしながらごま油を絡める。水を加え、具材のかたよりがないようにならして、ふたをせずに中〜強火にかける。

2 沸騰してきたら、鍋底から米粒をはがすように玉じゃくしでゆっくり混ぜる。鍋に菜箸を渡し、ふたをしてふつふつと波打つ程度の弱〜中火で30分煮込む。

3 さっとアクをすくい取り、塩で味をととのえる。鍋全体をゆっくり混ぜて火を止め、ふたをして5分蒸らす。

4 器に盛り、白髪ねぎ、クコの実を飾る。

じゅーっと搾って、夏風邪予防

かぼす粥

（材料） 茶碗1杯分

白粥 … 茶碗1杯分
＊作り方はP13参照
かぼす果汁、塩 … 各適量
〈トッピング〉
│ かぼすの皮の薄切り … 少々

（作り方）

1 白粥を温め、かぼすを搾って混ぜる。

2 器に盛り、かぼすの皮をのせる。

＊お好みで塩をかけてどうぞ。

（COLUMN）

春は苦味、夏は酸味、秋は辛味、冬は油分

食養生の世界では季節ごとに積極的に摂るべき「味」があるそうで。「春苦味 夏は酢の物 秋は辛味 冬は油と合点して食え」。明治時代の医師石塚左玄さんという方の言葉です。確かに春の山菜や、夏の酸っぱい系、秋の大根おろし、冬のこってり系。わざわざ摂ろうとしなくても、ちゃんとその時期に「食べた〜い！」と身体が欲するから不思議です。夏は柑橘や梅、トマトの酸味が、おいしくておいしくてたまりません。

栄養の宝庫、これで夏バテしないね

うなぎのせたまご粥

材料　茶碗1杯分

うなぎのかば焼き … ½串
たまご粥 … 茶碗1杯分
＊作り方はP16参照
〈トッピング〉
　粉山椒、刻みのり、青じそのせん切り、
　白いりごま … 各適量

作り方

1 たまご粥を温め、器に盛る。

2 食べやすく切ったうなぎをのせ、粉
　　山椒をふり、のり、青じそを添えて
　　ごまをふる。

＊うなぎのかば焼きのたれをかけて召し上がれ！

COLUMN

アジアン粥は外食料理、日本のokayuは？

いわゆるアジアン粥は、日本以外のアジアの国で主流の旨味の強いおかゆです。たくさんの具材やだしを組み合わせて作るため、味が安定しています。いつも変わらずおいしいあの味！って感じですよね。また、油を使いおかゆを乳化させるのも特徴的で、米粒を崩しポタージュのように仕上がるため、食感もなめらか。大量調理、テイクアウトも安心、外食向きの料理です。一方、日本のおかゆは超シンプル！　食材の質に左右されるうえ、できたてからの経時変化が急激。大量調理も作り置きも難しい「繊細さん」です。お店でおいしいおかゆを提供するには非常にコストがかかるため、見方によってはとんでもなくリッチな料理です。ちなみに、おかゆは直訳すれば「rice porridge」ですが、わたしは「okayu」になると感じています。アジアのおかゆが注目を浴びるほどに、日本のokayuのスペシャルさが際立っていくでしょう。

ちりめんじゃこ粥

たっぷりカルシウム

7/25

（ 材料 ）茶碗2杯分

ちりめんじゃこ … ふたつまみ
米 … ½合（約75g）
水 … 700㎖
塩 … 小さじ⅓
〈トッピング〉
｜かいわれ大根 … 適量

（ 作り方 ）

1 鍋によく洗った米、ちりめんじゃこ、水を入れる。

2 ふつふつと沸くまでふたをせずに中〜強火にかける。

3 沸騰してきたら、鍋底から米粒をはがすように玉じゃくしでゆっくり混ぜる。鍋に菜箸を渡し、ふたをしてふつふつと波打つ程度の弱〜中火で30分煮込む。

4 塩で味をととのえる。鍋全体をゆっくり混ぜて火を止め、ふたをして5分蒸らす。

5 器に盛り、かいわれを飾る。

本格あわび粥

韓国粥といえばコレ

7/26

（ 材料 ）茶碗2杯分

あわび … 小2〜4個
米 … ½合（約75g）
ごま油 … 小さじ1
水 … 800㎖
塩 … 小さじ½〜
〈トッピング〉
｜刻み海苔、白いりごま、ごま油
｜ … 各適量

（ 作り方 ）

1 米は洗う。あわびは下処理をする。あわびに塩適量（分量外）をふり、よく洗ってぬめりを取る。殻から身をはがして薄く切り、肝はざく切りにする。

2 鍋にごま油を熱し、あわびの身を中火で炒める。さっと火が通ったら、米、肝を加え、手早く炒める。水を加えて、ふたをせずに中〜強火にかける。

3 沸騰してきたら、鍋底から米粒をはがすように玉じゃくしでゆっくり混ぜる。鍋に菜箸を渡し、ふたをしてふつふつと波打つ程度の弱〜中火で30分煮込む。

4 さっとアクをすくい取り、塩で味をととのえる。鍋全体をゆっくり混ぜて火を止め、ふたをして5分蒸らす。

5 器に盛り、海苔、ごま、ごま油をトッピングする。

じゅるっとかきこみたい朝に

ひきわり納豆のだしかけ粥

材料 茶碗2杯分

ひきわり納豆 … 1パック
白粥 … 茶碗2杯分
＊作り方はP13参照
だし汁 … 100mℓ〜
〈トッピング〉
　きゅうり、オクラ、梅干し
　… 各適宜

作り方

1　白粥を器に盛る。白粥は温めても、冷たいままでもよい。

2　ひきわり納豆をのせ、刻んだきゅうりやオクラ、梅干しなど好みの具材、薬味をのせる。

3　たっぷりのだし汁をかける。

　＊だし汁はお好みのものを。濃い目のかつおだしや白だしを薄めたものもおすすめです。

暑い国の知恵を拝借

鶏肉のアジアン粥 タピオカミルクのせ

材料 茶碗2杯分

鶏もも肉 … 100g
米 … ½合（約75g）
水 … 700mℓ
ナンプラー … 小さじ½
塩 … 小さじ½
タピオカココナッツミルク … 適量
〈トッピング〉
　パクチー、クコの実（水でもどしたもの）、しょうがのせん切り、黒こしょう … 各適宜

作り方

1　鶏もも肉は一口大に切り、塩・こしょう各少々（分量外）をもみ込む。

2　鍋に洗った米、水を入れる。かたよりがないようにならして、ふたをせずに中〜強火にかける。

3　沸騰してきたら、鍋底から米粒をはがすように玉じゃくしでゆっくり混ぜる。鍋に菜箸を渡してふたをした状態で、ふつふつと波打つ程度の弱〜中火で20分煮込む。

4　鶏肉を加え、再び菜箸を渡し、ふたをしてさらに10分煮る。

5　さっとアクをすくい取り、ナンプラー、塩で味をととのえる。鍋全体をゆっくり混ぜて火を止め、ふたをして5分蒸らす。

6　器に盛り、タピオカココナッツミルクをかけ、好みでパクチー、クコの実、しょうが、黒こしょうをトッピングする。

7/
29

奄美大島で愛される

冷やし小豆粥

（材料）　茶碗2杯分

小豆水煮 … 50g
米 … ½合（約75g）
水 … 700㎖
塩 … 小さじ⅓
〈トッピング〉
｜黒いりごま … 適宜

（作り方）

1 鍋によく洗った米、水を入れる。かたよりがないようにならして、ふたをせずに中～強火にかける。

2 沸騰してきたら、鍋底から米粒をはがすように玉じゃくしでゆっくり混ぜる。鍋に菜箸を渡し、ふたをしてふつふつと波打つ程度の弱～中火で20分煮込む。

3 小豆を加え、再び菜箸を渡し、ふたをしてさらに10分煮る。

4 さっとアクをすくい取り、塩で味をととのえる。鍋全体をゆっくり混ぜて火を止める。粗熱が取れたら冷蔵庫で冷やす。

5 器に盛り、好みでごまを飾る。

7/
30

お酒の翌日の貝粥はたまらん！

あさり缶の中華風粥

（材料）　茶碗2杯分

あさり水煮缶 … 1缶（125g）
米 … ½合（約75g）
ごま油 … 小さじ1
水 … 約750㎖
塩 … 小さじ½～
〈トッピング〉
｜クコの実（水でもどしたもの）、
｜小ねぎ、黒こしょう
｜… 各適量

（作り方）

1 鍋に洗った米を入れ、ごま油を絡める。あさりを缶汁ごとと水を加える。

POINT 缶汁と水を合わせて750㎖になるよう調節する。

2 具材のかたよりがないようにならして、ふたをせずに中～強火にかける。

3 沸騰してきたら、鍋底から米粒をはがすように玉じゃくしでゆっくり混ぜる。鍋に菜箸を渡し、ふたをしてふつふつと波打つ程度の弱～中火で30分煮込む。

4 さっとアクをすくい取り、塩で味をととのえる。鍋全体をゆっくり混ぜて火を止め、ふたをして5分蒸らす。

5 器に盛り、クコの実、3㎝ほどの長さに切った小ねぎをのせ、黒こしょうをふる。

台湾スイーツをアレンジ

粥入り豆花(トウファ)

作り方

1 好みの豆や穀物はゆでて水気をきる。豆は缶詰などのゆで豆を利用してもよい。

2 シロップを作る。フライパンに砂糖を入れ、中火で炒めて香りが立ったら水を加える。砂糖が溶けたら火を止め、しっかり冷やす。

3 器に水気をきった豆腐を盛り、白粥、1をのせ、クコの実を飾り、シロップをたっぷりかける。

※シロップは多めなので、余ったら冷蔵庫で保存してください。保存期間は約3日間。

材料 作りやすい分量

やわらかめの豆腐 … 1丁
白粥、好みのゆで豆(緑豆、小豆など)、穀物(もち麦、五穀米など) … 各適量
※白粥の作り方はP13参照
クコの実(水でもどしたもの) … 少々
〈シロップ〉
　砂糖 … 100g
　水 … 300ml

8月

黒ごまバナナ粥

盛夏の身体メンテに創作系尾花（おばな）粥

作り方

1. 鍋によく洗った米、水を入れ、ふたをせずに中火にかける。

2. 沸騰してきたら、鍋底から米粒をはがすように玉じゃくしでゆっくり混ぜる。鍋に菜箸を渡し、ふたをして弱火で20分煮込む。

3. 1cm幅の輪切りにしたバナナ、軽くすったごまを加え、再び菜箸を渡してふたをし、弱火で10分煮る。

4. 砂糖、塩で味をととのえる。全体を混ぜて火を止め、ふたをして5分蒸らす。

5. 器に盛り、好みできなこをかける。

材料　茶碗2杯分

バナナ … 1本
黒いりごま … 大さじ1
米 … ½合（約75g）
水 … 800㎖

砂糖 … 大さじ2〜
塩 … ひとつまみ
〈トッピング〉
｜きなこ … 適宜

*さっぱり味のバナナより、甘味の強いちょっと良いバナナのほうがおかゆ向きです。

COLUMN

伝統の夏粥、8月1日の黒ごま粥

1月7日の人日の節句の七草粥、1月15日の小正月の小豆粥の存在もあり「おかゆ＝冬」のイメージが強いですが、おかゆは古来から夏にも食されてきたお料理です。そのひとつが「尾花粥」。尾花粥とは、旧暦の8月1日（八月朔日）の「八朔の祝い」に疫病除けを願い、食べられていたおかゆです。ススキの穂を真っ黒に焼いておかゆに混ぜていたものがもとの形で、江戸時代には黒ごまで代用するようになったのだとか。取り入れやすい形に変えながら伝統をつないでいくって、素敵ですよね。

中国の風邪予防粥

梨粥

（材料）　茶碗2杯分

梨 … ½〜1個
米 … ½合（約75g）
水 … 750㎖
塩 … ひとつまみ
きび砂糖 … 適宜

（作り方）

1 鍋によく洗った米、水を入れ、ふたをせずに中火にかける。梨は皮をむき、一口大に切って、鍋に加える。

2 沸騰してきたら、鍋底から米粒をはがすように玉じゃくしでゆっくり混ぜる。鍋に菜箸を渡し、ふたをして弱火で30分煮込む。

3 塩で味をととのえる。鍋全体をゆっくり混ぜて火を止め、ふたをして5分蒸らす。

4 器に盛り、好みで砂糖をかける。

スタミナ満点スマッシュヒット！

鶏マッシュルーム粥

（材料）　茶碗2杯分

鶏もも肉 … 約100g
マッシュルーム … 3〜5個
米 … ½合（約75g）
水 … 750㎖
しょうが … 1かけ
塩 … 小さじ1
〈トッピング〉
　乾燥ココナッツ、レモンの
　半月切り、黒こしょう、
　エディブルフラワーなど
　… 各適宜

（作り方）

1 鍋によく洗った米、水を入れ、ふたをせずに中火にかける。

2 沸騰してきたら、鍋底から米粒をはがすように玉じゃくしでゆっくり混ぜる。鍋に菜箸を渡し、ふたをして弱火で15分煮込む。

3 この間に鶏肉は小さめの一口大に、マッシュルームは石づきを取って半分に切り、しょうがはせん切りにしておく。

4 2に鶏肉、マッシュルーム、しょうがを加え、再び菜箸を渡してふたをし、弱火で15分煮る。

5 さっとアクをすくい取り、塩で味をととのえる。鍋全体をゆっくり混ぜて火を止め、ふたをして5分蒸らして器に盛る。好みで乾燥ココナッツ、黒こしょう、レモン、エディブルフラワーなどをトッピングする。

寝冷えサヨナラ

ラムトマト粥

（材料） 茶碗2杯分

ラム肩薄切り肉 … 100g
トマト … 1個
米 … ½合（約75g）
水 … 750㎖
塩 … 小さじ½〜
〈トッピング〉
｜ パセリ、クミン … 各適量

（作り方）

1 鍋に洗った米、水を入れる。かたよりがないようにならして、ふたをせずに中〜強火にかける。

2 鍋の様子を見ながら、下ごしらえをする。トマトは1cm角に切り、ラム肉は冷蔵庫から出して常温に置く。

3 1が沸騰してきたら、鍋底から米粒をはがすように玉じゃくしでゆっくり混ぜる。鍋に菜箸を渡し、ふたをしてふつふつと波打つ程度の弱〜中火で30分煮込む。

4 トマト、ラム肉を加える。菜箸で肉をやさしく広げるように加えてかき混ぜ、火を通す。

5 さっとアクをすくい取り、塩で味をととのえる。鍋全体をゆっくり混ぜて火を止め、ふたをして5分蒸らす。

6 器に盛り、パセリ、クミンを加える。

（材料） 茶碗2杯分

玉ねぎ … ¼個
オリーブオイル … 小さじ2
米 … ½合（約75g）
水 … 750㎖
塩 … 小さじ½〜
〈トッピング〉
｜ トルティーヤチップス、
｜ 黒こしょう … 各適量

（作り方）

1 鍋に洗った米を入れ、オリーブオイルを絡める。

2 1cm角に切った玉ねぎ、水を加え、具材のかたよりがないようにならして、ふたをせずに中〜強火にかける。

3 沸騰してきたら、鍋底から米粒をはがすように玉じゃくしでゆっくり混ぜる。鍋に菜箸を渡し、ふたをしてふつふつと波打つ程度の弱〜中火で30分煮込む。

材料にこだわってシンプルに

オリーブオイルと玉ねぎのおかゆ

4 塩で味をととのえる。鍋全体をゆっくり混ぜて火を止め、ふたをして5分蒸らす。

5 器に盛り、トルティーヤチップスをのせ黒こしょうをふる。

時短でとろとろに

ごはんでタイの鶏粥 ジョーク（โจ๊ก）

（ 材料 ） 茶碗2杯分

〈肉だんご〉
豚ひき肉 … 100g
ナンプラー（またはしょうゆ）
　… 小さじ½
塩、こしょう … 各少々
ごはん … 200g
水 … 800㎖
パクチーの根 … 1〜2本（あれば）
鶏ガラスープの素 … 小さじ1
塩 … 小さじ1

（ 作り方 ）

1　ボウルに肉だんごの材料を入れ、よくこねて6等分にして丸める。ビニール袋にごはんと水100㎖（分量外）を入れ、袋の上からごはんをつぶす。

2　鍋に水を加えて強火にかける。沸騰したら肉だんごを加え、火が通ったら引き上げる。アクはすくい取る。

3　1のごはん、刻んだパクチーの根を加える。おかゆが好みのとろとろ加減になるまで、ときどき混ぜながら中火で10分煮込む。

4　鶏ガラスープの素、塩を加えて味をととのえる。肉だんごを鍋に戻し、温める。

5　器に盛り、好みのものをトッピングする。

＊トッピングにはライム、レモン、パプリカ、ねぎ、しょうが、ナンプラー、パクチー、ゆで卵、にらなどがおすすめ（写真参照）。

一度食べるとやみつき

温玉のせ粥

（ 材料 ） 茶碗1杯分

温泉卵 … 1個
白粥 … 茶碗1杯分
＊作り方はP13参照
ごま油 … 小さじ½
温泉卵のたれ … 少々
〈トッピング〉
｜小ねぎの小口切り … 適量

（ 作り方 ）

1　白粥を温め、器に盛る。

2　温泉卵をのせ、ごま油、温泉卵のたれをかけ、小ねぎを散らす。

今日の気分は和スイーツ

ずんだのせ餅入り粥

（材料） 茶碗2杯分

切り餅 … 1個
ずんだあん … 適量
米 … ½合（約75g）
水 … 700㎖
塩 … 小さじ⅓

（作り方）

1 鍋によく洗った米、水を入れて、ふたをせずに中〜強火にかける。

2 沸騰してきたら、鍋底から米粒をはがすように玉じゃくしでゆっくり混ぜる。鍋に菜箸を渡し、ふたをしてふつふつと波打つ程度の弱〜中火で25分煮込む。

3 1cm角に切った餅を加える。再び菜箸を渡してふたをして、さらに5分煮る。

4 塩で味をととのえる。鍋全体をゆっくり混ぜて火を止め、ふたをして5分蒸らす。

5 器に盛り、ずんだあんをトッピングする。

＊ずんだあんはぜひ手作りで。やわらかめにゆでた枝豆の薄皮をむき、つぶして、砂糖とひとつまみの塩を混ぜ込みます。

貧血予防を意識して

鶏なつめ粥

（材料） 茶碗2杯分

鶏もも肉 … 約100g
乾燥なつめ … 2〜3個
米 … ½合（約75g）
水 … 700㎖
塩 … 小さじ1
〈トッピング〉
　黒こしょう … 適量

（作り方）

1 米は洗ってざるに上げる。なつめは種を取り輪切りに。鶏肉は一口大に切る。

2 鍋に米、なつめ、鶏肉、水を入れて、ふたをせずに中〜強火にかける。

3 沸騰してきたら、鍋底から米粒をはがすように玉じゃくしでゆっくり混ぜる。鍋に菜箸を渡し、ふたをしてふつふつと波打つ程度の弱〜中火で30分煮込む。

4 アクをすくい取り、塩で味をととのえる。鍋全体をゆっくり混ぜて火を止め、ふたをして5分蒸らす。

5 器に盛り、黒こしょうをふる。

お疲れ肝臓

ターメリック粥

作り方

1 鍋によく洗った米、ターメリック、水を入れる。具材のかたよりがないようにならして、中〜強火にかける。

2 沸騰してきたら、鍋底から米粒をはがすように玉じゃくしでゆっくり混ぜる。鍋に菜箸を渡し、ふたをしてふつふつと波打つ程度の弱〜中火で30分煮込む。

3 塩で味をととのえる。鍋全体をゆっくり混ぜて火を止め、ふたをして5分蒸らす。

4 器に盛り、好みでトマト、バジル、岩塩、オリーブオイルをトッピングする。

材料　茶碗2杯分

ターメリック … 小さじ¼
米 … ½合（約75g）
水 … 700mℓ
塩 … 小さじ⅓〜
〈トッピング〉
　トマト、バジル、岩塩、
　　オリーブオイル … 各適宜

牛モツ粥

おいしすぎて無言

材料 （茶碗2杯分）

牛モツ肉（下処理済みのもの）… 100g
米 … ½合（約75g）
ごま油 … 小さじ1
牛だし汁（粉末牛だしの素少々または中華
　だしの素少々＋水）… 700㎖
塩 … 小さじ½
〈トッピング〉
　長ねぎの小口切り、白いりごま、
　韓国産粉唐辛子 … 各適量

作り方

1 鍋によく洗った米、ごま油を入れて混ぜる。だし汁を加え、ふたをせずに中〜強火にかける。

2 沸騰してきたら、鍋底から米粒をはがすように玉じゃくしでゆっくり混ぜる。鍋に菜箸を渡し、ふたをしてふつふつと波打つ程度の弱〜中火で30分煮込む。

3 煮込んでいる途中でモツを加える。

POINT モツの部位に合わせて煮込み時間を調節を。たとえば小腸であれば、最後の5分程度に加えるとプリプリ感が出る。

4 さっとアクをすくい取り、塩で味をととのえる。鍋全体をゆっくり混ぜて火を止め、ふたをして5分蒸らす。

5 器に盛り、ねぎ、ごま、韓国産粉唐辛子をトッピングする。

甘納豆粥

北海道のお赤飯をヒントに

材料 （茶碗2杯分）

甘納豆 … 50g
米 … ½合（約75g）
水 … 700㎖
塩 … 小さじ⅓
〈トッピング〉
　黒いりごま、塩 … 各適宜

作り方

1 鍋によく洗った米、甘納豆、水を入れる。具材のかたよりがないようにならして、ふたをせずに中〜強火にかける。

2 沸騰してきたら、鍋底から米粒をはがすように玉じゃくしでゆっくり混ぜる。鍋に菜箸を渡し、ふたをしてふつふつと波打つ程度の弱〜中火で30分煮込む。

3 塩で味をととのえる。鍋全体をゆっくり混ぜて火を止め、ふたをして5分蒸らす。

4 器に盛り、好みでごま、塩をふる。

パプリカ粥

ごきげん色のおかゆでにんまり、元気に

（材料） 茶碗2杯分

パプリカ（赤、黄）… 各¼個
米 … ½合（約75g）
水 … 700mℓ
塩 … 小さじ½
〈トッピング〉
　ベーコン（カリカリに焼いたもの）
　　… 適量
　生こしょうの塩漬け … 適宜

（作り方）

1　鍋によく洗った米、水を入れる。かたよりがないようにならして、ふたをせずに中～強火にかける。

2　この間にパプリカは種とワタを取り除き、1cm角に切る。

3　沸騰してきたら、鍋底から米粒をはがすように玉じゃくしでゆっくり混ぜる。鍋に菜箸を渡し、ふたをしてふつふつと波打つ程度の弱～中火で20分煮込む。

4　パプリカを加え、再び菜箸を渡してふたをし、さらに10分煮る。

5　さっとアクをすくい取り、塩で味をととのえる。鍋全体をゆっくり混ぜて火を止め、ふたをして5分蒸らす。

6　器に盛り、ベーコンをのせ、好みで生こしょうの塩漬けを添える。

豚ゴーヤ粥

汗をかいた翌朝に

（材料） 茶碗2杯分

豚ひき肉 … 50～100g
ゴーヤ … 50g
米 … ½合（約75g）
水 … 750mℓ
おろししょうが … 小さじ1
塩 … 小さじ1
〈トッピング〉
　削りかつお、黒こしょう … 各適量

（作り方）

1　鍋によく洗った米、水を入れる。かたよりがないようにならして、ふたをせずに中～強火にかける。この間にゴーヤは薄切りにし、別鍋でさっとゆでる。

2　沸騰してきたら、鍋底から米粒をはがすように玉じゃくしでゆっくり混ぜる。鍋に菜箸を渡し、ふたをしてふつふつと波打つ程度の弱～中火で20分煮込む。

3　ひき肉を崩しながら加え、ゴーヤ、しょうがも加える。再び菜箸を渡してふたをし、さらに10分煮る。

4　さっとアクをすくい取り、塩で味をととのえる。鍋全体をゆっくり混ぜて火を止め、ふたをして5分蒸らす。

5　器に盛り、削りかつおをかけ、黒こしょうをふる。

食欲のない日でもおいしい

だしかけ冷粥

作り方

1. 器に冷たい白粥を盛る。

2. きゅうり、オクラ、しょうがをトッピングし、冷たいだし汁をかける。

材料 　茶碗1杯分

白粥 … 茶碗1杯分
＊作り方はP13参照

だし汁 … 適量
〈トッピング〉
　きゅうり・オクラの小口切り、
　　しょうがのみじん切り … 各適量

＊だし汁は濃い目のものがおすすめ。だしの素や白だしを活用してもOK！ 塩を加えつつ、味の変化をたのしむのもおすすめです。

COLUMN

発熱時にもおすすめ 冷やし粥

冷たいおかゆもあることをご存じですか？ 奈良や和歌山の家庭料理である茶粥も冷やしがありますし（本書・7月10日冷やし茶粥）、冷やし小豆粥は奄美地方ではスーパーの惣菜売り場にも並ぶほどの定番料理（本書・7月29日冷やし小豆粥）。夏の台湾にもありました（本書・9月30日 冷製小米緑豆粥）。中でもレトルト粥でも作れる「だしかけ」は、料理する気力がないときにも心強い味方。夏に限らず、身体にほてりがあるときや、発熱時にも大活躍です。

夏トマト粥

さっぱりを欲する朝に

（**材料**） 茶碗2杯分

トマト … ½〜1個　　水 … 700㎖
米 … ½合（約75g）　塩 … 小さじ½
〈トッピング〉
　トマト、パセリ … 各適量
　アンチョビペースト、
　　トルティーヤチップス … 各適宜

（**作り方**）

1 鍋によく洗った米、水を入れて、ふたをせずに中〜強火にかける。

2 沸騰してきたら、鍋底から米粒をはがすように玉じゃくしでゆっくり混ぜる。鍋に菜箸を渡し、ふたをしてふつふつと波打つ程度の弱〜中火で20分煮込む。

3 1cm角に切ったトマトを加え、再び菜箸を渡し、ふたをしてさらに10分煮る。

4 塩で味をととのえる。鍋全体をゆっくり混ぜて火を止め、ふたをして5分蒸らす。

5 器に盛り、トッピング用の小さく切ったトマト、パセリをのせ、好みでアンチョビペースト、トルティーヤチップスを添える。

台湾風中華粥

台湾土産の定番「帆立だしの素」で

（**材料**） 茶碗2杯分

米 … ½合（約75g）
顆粒だしの素（台湾ほんだし干貝風味・
　市販品）… 小さじ1〜2
おろししょうが … 小さじ2
ごま油 … 小さじ1
水 … 800㎖〜　　塩 … 小さじ½〜
〈トッピング〉
　長ねぎの小口切り、
　　クコの実（水でもどしたもの）、
　　ピータンの角切り … 各適量

（**作り方**）

1 米は洗い、ざるに上げて水気をきる。鍋に水を入れて沸騰させ、だしの素を溶かしておく。

2 鍋にごま油を熱し、米、しょうがを入れて炒める。全体に油がまわったら、**1**のだし汁を注ぎ入れる。

3 鍋底に米粒がこびりつかないように鍋底からていねいに混ぜ、ふたをせずに中〜強火で対流を起こしながら30〜40分煮込む。

（**POINT**） 10分に1度くらい全体をかき混ぜる。焦げつきそうだったり、吹きこぼれそうになったときは追加で湯を適量（分量外）注ぐ。

4 塩で味をととのえる。鍋全体をゆっくり混ぜて火を止める。

5 器に盛り、ねぎ、クコの実、ピータンを盛りつける。

香りはゆりねで食感は栗
生はすの実のおかゆ

材料 茶碗2杯分

はすの実（生）… 花托1個分
米 … ½合（約75g）
水 … 750㎖
塩 … 小さじ⅓

作り方

1 はすの実は下処理をする。実を花托から取り出し、包丁で縦に半分に切る。外皮と薄皮をむき、苦みがある緑の芽を取り除く。

2 鍋に洗った米、1のはすの実、水を入れる。具材のかたよりがないようにならして、ふたをせずに中〜強火にかける。

3 沸騰してきたら、鍋底から米粒をはがすように玉じゃくしでゆっくり混ぜる。鍋に菜箸を渡し、ふたをしてふつふつと波打つ程度の弱〜中火で30分煮込む。

4 さっとアクをすくい取り、塩で味をととのえる。鍋全体をゆっくり混ぜて火を止め、ふたをして5分蒸らし、器に盛る。

若いお豆の元気がいっぱい
ダブル食感の枝豆粥

材料 茶碗2杯分

さやつき枝豆 … ½袋（約100g）
米 … ½合（約75g）
水 … 750㎖
塩 … 小さじ⅓
〈トッピング〉
　枝豆（かためにゆでたもの）
　… 少々

作り方

1 枝豆は600Wの電子レンジで1分加熱して粗熱を取り、さやから実を取り出す。塩少々（分量外）をふる。

2 鍋によく洗った米、1の枝豆、水を入れ、ふたをせずに中〜強火にかける。

3 沸騰してきたら鍋底から米粒をはがすように玉じゃくしでゆっくり混ぜる。鍋に菜箸を渡し、ふたをしてふつふつと波打つ程度の弱〜中火で30分煮込む。

4 さっとアクをすくい取り、塩で味をととのえる。鍋全体をゆっくり混ぜて火を止め、ふたをして5分蒸らす。

5 器に盛り、トッピング用の枝豆をのせる。

しけた海苔でもOK

韓国風海苔粥

作り方

1 鍋によく洗った米を入れ、ごま油を絡める。水を加え、かたよりがないようにならして、ふたをせずに中〜強火にかける。

2 別皿に海苔をちぎり入れ、水50㎖程度（分量外）に浸しておく。

3 沸騰してきたら、鍋底から米粒をはがすように玉じゃくしでゆっくり混ぜる。鍋に菜箸を渡し、ふたをしてふつふつと波打つ程度の弱〜中火で30分煮込む。

4 海苔を加え、塩で味をととのえる。鍋全体をゆっくり混ぜて火を止め、ふたをして5分蒸らす。

5 器に盛り、水菜、キムチを添え、ごまをふる。

材料　茶碗2杯分

焼き海苔 … 全型1枚
米 … ½合（約75g）
ごま油 … 小さじ1
水 … 700㎖
塩 … 小さじ½
〈トッピング〉
　水菜、タコキムチ、
　　白いりごま … 各適量

8/21

モロヘイヤたまご粥

ねばねば好きにはたまらん

材料 茶碗1杯分

たまご粥 … 茶碗1杯分
＊作り方はP16参照
モロヘイヤ（ゆでたもの）
　　… 20g
〈トッピング〉
│ 白いりごま、しょうゆ
│ … 各適量

作り方

1 モロヘイヤはゆでて小さく刻む。

2 たまご粥を温め、モロヘイヤを加えて混ぜ込む。

3 器に盛り、ごまをふってしょうゆをかける。

＊お好みでポン酢しょうゆ、だし粉などをかけて召し上がれ！

8/22

守口漬けのせ粥

ぐるっとのの字に盛り付けて

材料 茶碗1杯分

守口漬け … 適量
白粥 … 茶碗1杯分
＊作り方はP13参照

作り方

1 守口漬けは粕をさっと取り、食べやすい大きさに切る。

2 白粥を温めて器に盛り、守口漬けをのせる。

COLUMN

漬物は謎解きの宝庫

おかゆの相棒ともいえるお漬物には文化がぎゅっと詰まっています。伝統野菜や特産品が使われていたり、特徴的な調味料が使われていたり。風土に合わせた健康維持の知恵や、保存期間を長くするための工夫から、その土地の様子が想像できるのもおもしろいところです。「守口漬け」は名古屋の特産品。長いものでは2メートル近くにもなるという日本一長い大根「守口大根」を、酒粕とみりん粕で漬け込んだものです。土の通気性が良く、肥沃で、かたい層がない土地でだけ、長い大根が栽培できるそうです。そして酒粕やみりん粕で漬けるということは、酒やみりんの製造も行われているはずで……。ね、漬物の謎解きから、土地と文化が繋がるのです！

甘みの強さにハッとする

紫キャベツ粥

（材料） 茶碗2杯分

紫キャベツ … 約50g
米 … ½合（約75g）
水 … 750㎖
塩 … 小さじ⅓
〈トッピング〉
　クコの実（塩麹でもどした
　もの）… 適量

（作り方）

1　紫キャベツは1～2cm角に切る。

2　鍋に洗った米、紫キャベツ、水を入れる。具材のかたよりがないようにならして、ふたをせずに中～強火にかける。

3　沸騰してきたら、鍋底から米粒をはがすように玉じゃくしでゆっくり混ぜる。鍋に菜箸を渡し、ふたをしてふつふつと波打つ程度の弱～中火で30分煮込む。

4　塩で味をととのえる。鍋全体をゆっくり混ぜて火を止め、ふたをして5分蒸らす。

5　器に盛り、クコの実を飾る。

お肌の乱れを感じたら

はと麦粥

（材料） 茶碗2杯分

はと麦 … 大さじ2（約30g）
米 … ½合（約75g）
水 … 750㎖
塩 … 小さじ⅓～
〈トッピング〉
　モロヘイヤ（ゆでて刻んだもの）、
　砕いたナッツ … 各適量

（作り方）

1　はと麦はたっぷりの水（分量外）に浸けて、できれば一晩置く。

2　鍋に洗った米、水気をきったはと麦、水を入れる。かたよりがないようにならして、ふたをせずに中～強火にかける。

3　沸騰してきたら、鍋底から米粒をはがすように玉じゃくしでゆっくり混ぜる。鍋に菜箸を渡し、ふたをしてふつふつと波打つ程度の弱～中火で30分煮込む。

4　塩で味をととのえる。鍋全体をゆっくり混ぜて火を止め、ふたをして5分蒸らす。

5　器に盛り、モロヘイヤ、ナッツをのせる。

フルーツティー系茶粥

香り良きおしゃれ茶粥

(材料) 茶碗2〜3杯分

ほうじ茶ティーバッグ
　… 1〜2個
米 … ½合(約75g)
水 … 1000㎖
塩 … 小さじ⅓
〈トッピング〉
　かんきつのドライフルーツ、
　ミントの葉 … 各適量

(作り方)

1 深さのある鍋に水を入れ
て強火にかける。この間
に米は洗って、ざるに上げる。

2 沸騰したら米、ティーバッグを加える。
再び沸いたら、鍋底から米粒をはがす
ように玉じゃくしでゆっくり混ぜる。

3 ふたをせずに15分ほど中〜強火にか
ける。ぐるんぐるんとお米を対流で躍
らせながら煮込む。

POINT お茶の色が濃い目に出たらティーバッグを取り出す。

4 さっとアクをすくい取り、塩で味を
ととのえる。鍋全体をゆっくり混ぜ
て火を止め、ふたをして5分蒸らす。

5 器に盛り、ドライフルーツ、ミント
の葉をのせる。

淡いみそ粥

みそは風味でキメは塩

(材料) 茶碗2杯分

みそ(白みそなど) … 小さじ1
米 … ½合(約75g)
水 … 750㎖
塩 … 小さじ⅓〜
〈トッピング〉
　ゆずの皮のせん切り、
　かいわれ大根 … 各適量

(作り方)

1 鍋に洗った米、水を入れ
る。具材のかたよりがな
いように鍋底をならして、
中〜強火にかける。

2 沸騰してきたら、鍋底から米粒をは
がすように玉じゃくしでゆっくり混
ぜる。鍋に菜箸を渡し、ふたをして
ふつふつと波打つ程度の弱〜中火で
30分煮込む。

3 みそ、塩で味をととのえる。鍋全体
をゆっくり混ぜて火を止め、ふたを
して5分蒸らす。

4 器に盛り、ゆず、かいわれをのせる。

(材料) 茶碗2杯分

生落花生 … 100g（約75g）
米 … ½合（約75g）
水 … 800㎖
塩 … 小さじ½

(作り方)

1 落花生は殻をむき、薄皮の状態にする。流水でよく洗う。

2 鍋に洗った米、生落花生、水を入れる。具材のかたよりがないようにならして、ふたをせずに中～強火にかける。

3 沸騰してきたら、鍋底から米粒をはがすように玉じゃくしでゆっくり混ぜる。鍋に菜箸を渡し、ふたをしてふつふつと波打つ程度の弱～中火で30分煮込む。

4 さっとアクをすくい取り、塩で味をととのえる。鍋全体をゆっくり混ぜて火を止め、ふたをして5分蒸らす。

5 器に盛る。

＊お好みで砂糖やはちみつをかけるのもおすすめです。

(材料) 茶碗1杯分

梅干し（3種類）… 各1個
白粥 … 茶碗1杯分
＊作り方はP13参照

(作り方)

1 白粥を温め、器に盛る。

2 3種類の梅干しを盛りつける。

──── (COLUMN) ────

マインドフルな
おかゆ時間

余裕がないときこそ、ていねいにおかゆをいただきます。小さな違いをたのしむおかゆを選ぶのも良い方法。たとえば、この3種の梅を並べたおかゆ。梅干し1種類だけ食べると「すっぱい」としか感じないのに、比べて食べると「すっぱい」の中に繊細な味が隠れていることに気づきます。このすっぱさは強くて長い！

あ、フルーティーな甘みのあるすっぱさだ。一瞬だけ激しくすっぱいな……味を細かくよく観察しながら、ゆっくりと味わうのです。自分以外に目を向けられたら、その日はもう大丈夫。不思議なもので、そんなゆとりを得ると、自分の機嫌や疲れ、体調の変化に気づくことができるのです。

（ 材料 ） 茶碗1杯分

レトルト白粥 … 1袋（約150g）
鶏ガラスープの素 … 小さじ1
ごま油 … 小さじ½
水 … 150㎖
塩 … 少々
〈トッピング〉
　小ねぎの小口切り、しょうがの
　せん切り、クコの実（水でもど
　したもの）、ミミガー
　… 各適宜

8／29

本格中華風粥

レトルト粥から作る

（ 作り方 ）

1 鍋にレトルト白粥、鶏ガラスープの素、ごま油、水を入れる。ときどきかき混ぜながら10分ほど中火にかける。

2 ほどよいとろみがついたら塩で味をととのえる。

3 器に盛り、好みで小ねぎ、しょうが、クコの実、ミミガーなどをトッピングする。

＊鶏ガラスープの素の代わりに中華風だしや帆立だし、牛肉だしを使ったアレンジもおすすめです。

（ 材料 ） 茶碗2杯分

白粥（または鶏粥）
　… 茶碗2杯分
鶏スープ … 300㎖

＊白粥の作り方はP13参照
＊鶏スープの作り方はP225参照。
　または鶏ガラスープの素少々＋
　水で代用。
〈トッピング〉
　フライドオニオン、小ねぎ
　の小口切り、ゆで卵、
　鶏むね肉（ゆでてほぐ
　したもの）、セロリの葉、
　ピーナッツ … 各適量

8／30

ブブル・アヤム

インドネシア風鶏のスープ粥

高温多湿な国のソウルフード

（ 作り方 ）

1 鍋に白粥を入れて温め、器に盛る。

2 フライドオニオン、小ねぎ、ゆで卵、鶏肉、セロリの葉、ピーナッツをのせ、温めた鶏スープをかける。

＊鶏スープにスパイスペーストを入れたり、エスニック系のスープで代用してもおいしいです。

中華料理と合わせて

台湾の食堂風芋粥（清粥小菜の芋粥）

チンゾウチャオツァイ

8月

作り方

1 さつま芋は皮をむき、大きめに切って水にさらす。

2 鍋に洗った米、水気をきったさつま芋、水を入れて、ふたをせずに中～強火にかける。

3 沸騰してきたらふたをはずしたまま中火で30分煮込む。ときどきアクを取り、かき混ぜる。

4 塩で味をととのえ、ふたをして5分蒸らして器に盛る。

材料　茶碗2～3杯分

さつま芋 … 200g
水 … 1000mℓ
米 … ½合（約75g）
塩 … 少々

COLUMN

養生上手なグルメ大国 台湾

「食は台湾にあり」という言葉があるほどおいしい料理がてんこもりの台湾。ただただグルメなだけでなく、養生上手な国でもあるのです。たとえば「清粥小菜」。夜食や朝食として「小皿料理（小菜）」とともに「おかゆ（ほとんどが芋粥）」をいただくレストランのスタイルです。日本の定食とは違い、小皿料理を自分で組み合わせるため、食べたい量を食べたい分だけいただくことができます。また、台湾はベジタリアンの方が多いため「台湾素食」などのヘルシーな外食料理が発展しているのもすごいところ！　夏と冬で、冷と温の提供スタイルを変える屋台があったり、旬の果物が道端で買えたり、季節の薬草茶に若者も行列を作っていたり。台湾の食は学びが盛りだくさんです。

秋の実りをたっぷりのせて

フルーツのせおから粥

作り方

1 鍋によく洗った米、水を入れて、ふたをせずに中火にかける。

2 沸騰してきたら、鍋底から米粒をはがすように玉じゃくしでゆっくり混ぜる。鍋に菜箸を渡し、ふたをして弱火で30分煮込む。

3 おからを混ぜ込み、砂糖、塩で味をととのえる。鍋全体をゆっくり混ぜて火を止め、ふたをして5分蒸らす。

4 器に盛り、好みのフルーツをのせ、好みでクリームチーズを添える。

材料　茶碗2杯分

生おから … 大さじ3
米 … ½合（約75g）
水 … 700mℓ
砂糖（またははちみつ）… 適量
塩 … 適量
好みのフルーツ（いちじく、煮りんご、
　　レーズンなど）… 適量
〈トッピング〉
｜ クリームチーズ … 適宜

＊のせるフルーツに合わせてはちみつやメープル
　シロップ、練乳などを加えてもおいしいです。

はんぺん粥

おかゆで蒸らしてふわっふわ

9
月

材料 茶碗2杯分

はんぺん … 1枚
米 … ½合（約75g）
水 … 750㎖　　塩 … 小さじ⅓
〈トッピング〉
　おろししょうが、小ねぎの
　小口切り … 各適量
　しょうゆ … 適宜

作り方

1 鍋によく洗った米、水を入れて、ふたをせずに中火にかける。はんぺんは半分を一口大に切り、残りはスプーンなどでつぶす。

2 沸騰してきたら、鍋底から米粒をはがすように玉じゃくしでゆっくり混ぜる。鍋に菜箸を渡し、ふたをして弱火で30分煮込む。

3 つぶしたはんぺんをおかゆに混ぜ込み、塩で味をととのえる。鍋全体をゆっくり混ぜて火を止める。一口大に切ったはんぺんをおかゆの上に並べ、ふたをして5分蒸らす。

4 器に盛り、しょうが、ねぎをのせ、好みでしょうゆをたらす。

明太子粥

秋は辛味を味方につけて

材料 茶碗2杯分

明太子 … 1本（½腹）
米 … ½合（約75g）
昆布だし汁（昆布5㎝角＋水）
　… 700㎖
＊作り方はP111参照
塩 … 小さじ½
〈トッピング〉
　小ねぎの小口切り、刻みのり
　… 各適量

作り方

1 鍋によく洗った米、昆布だし汁を入れて、ふたをせずに中火にかける。

2 沸騰してきたら、鍋底から米粒をはがすように玉じゃくしでゆっくり混ぜる。鍋に菜箸を渡し、ふたをして弱火で30分煮込む。

3 塩で味をととのえる。鍋全体をゆっくり混ぜて、火を止める。

4 切り込みを入れた明太子をおかゆの上に並べ、ふたをして5〜10分蒸らす。

5 器に盛り、小ねぎとのりを散らす。

滋養たっぷり名物鍋をアレンジ

くじらと水菜粥（はりはり粥）

材料　茶碗2杯分

くじら肉（なければ　　　かつおだし汁（削り
　豚薄切り肉）　　　　　　かつお8g＋水）
　… 100〜150g　　　　… 800㎖
水菜 … ½株　　　　　　しょうゆ … 小さじ1
米 … ½合（約75g）　　みりん … 小さじ1
　　　　　　　　　　　　塩 … 小さじ½〜

作り方

1　鍋に洗った米、かつおだし汁を入れる。かたよりがないようにならして、ふたをせずに中〜強火にかける。

2　水菜は食べやすい大きさに切り、くじら肉は冷蔵庫から出して常温に置く。

3　沸騰してきたら、鍋底から米粒をはがすように玉じゃくしでゆっくり混ぜる。鍋に菜箸を渡し、ふたをして、ふつふつと波打つ程度の弱〜中火で25分煮込む。

4　食べやすく切ったくじら肉を加え、再び菜箸を渡してふたをし、さらに5分煮る。

5　さっとアクをすくい取り、しょうゆ、みりん、塩で味をととのえる。鍋全体をゆっくり混ぜて火を止め、ふたをして5分蒸らす。

6　器の底に水菜を敷きつめ、おかゆを器に盛り、水菜を散らす。

一息つきたいこわばる朝に

ミルクティー粥

材料　茶碗2杯分

牛乳 … 200㎖　　　米 … ½合（約75g）
紅茶ティーバッグ　　水 … 600㎖
　… 1個　　　　　　塩 … 少々
〈トッピング〉
　クローブパウダー、
　シナモンスティック … 各適量

作り方

1　鍋によく洗った米、水を入れ、ふたをせずに中火にかける。沸騰する頃にティーバッグを加える。牛乳は冷蔵庫から出して計量し、常温に置く。

2　ふつふつと沸いたら、ティーバッグを取り出す。鍋底から米粒をはがすように玉じゃくしでゆっくり混ぜる。鍋に菜箸を渡し、ふたをして弱火で20分煮込む。

3　アクをすくい取り、牛乳を加えてゆっくり混ぜ、一度中火にする。表面がふつふつしてきたら、再び菜箸を渡してふたをし、ごく弱〜弱火にしてさらに10分煮る。

4　塩で味をととのえる。鍋全体をゆっくり混ぜて火を止め、ふたをして5分蒸らす。

5　器に盛り、クローブパウダー、シナモンスティックを添える。

＊お好みで砂糖を加えて甘くしてもおいしいです。

秋色にうっとり

マッシュルーム粥

作り方

1. 鍋に洗った米、水を入れる。かたよりがないようにならして、ふたをせずに中〜強火にかける。

2. マッシュルームは汚れをキッチンペーパーで拭き取り、薄切りにして鍋に加える。新鮮なものなら生食ができるので、トッピング用に取っておく。

3. 沸騰してきたら、鍋底から米粒をはがすように玉じゃくしでゆっくり混ぜる。鍋に菜箸を渡し、ふたをしてふつふつと波打つ程度の弱〜中火で30分煮込む。

4. さっとアクをすくい取り、塩で味をととのえる。鍋全体をゆっくり混ぜて火を止め、ふたをして5分蒸らす。

5. 器に盛り、トッピング用のマッシュルームをのせ、パセリ、黒こしょうをふる。

＊オリーブオイル、岩塩などのトッピングもおすすめです。

材料　茶碗2杯分

マッシュルーム
　…4〜5個
米 … ½合（約75g）
水 … 700㎖
塩 … 小さじ⅓〜
〈トッピング〉
　マッシュルーム、
　刻みパセリ、
　黒こしょう … 各適量

紫芋粥

魔法色のアンチエイジング食材

材料 茶碗2杯分

紫芋 … 小1本
米 … ½合（約75g）
水 … 750ml
塩 … 小さじ⅓
〈トッピング〉
　サワークリーム、刻みパセリ、
　黒こしょう … 各適量

作り方

1 鍋によく洗った米、水を入れ、ふたをせずに中～強火にかける。この間に、紫芋は乱切りにして水にさらしておく。

2 沸騰してきたら、鍋底から米粒をはがすように玉じゃくしでゆっくり混ぜる。鍋に菜箸を渡し、ふたをしてふつふつと波打つ程度の弱～中火で20分煮込む。

3 水気をきった紫芋を加え、再び菜箸を渡し、ふたをしてさらに10分煮る。

4 さっとアクをすくい取り、塩で味をととのえる。鍋全体をゆっくり混ぜて火を止め、ふたをして5分蒸らす。

5 器に盛り、サワークリーム、刻みパセリ、黒こしょうをトッピングする。

カニたま粥

かわいい甘みのうきうき粥

材料 茶碗1杯分

たまご粥 … 茶碗1杯分
＊作り方はP16参照
カニ風味かまぼこ … 3本
〈トッピング〉
　小ねぎの小口切り … 適量

作り方

1 たまご粥を温める。

2 細かくばらしたカニかまをおかゆに混ぜ込む。

3 器に盛り小ねぎを添える。

COLUMN

秋バテ防止に卵を積極的に

毎年、秋の疲れやすさと寝起きのスッキリしなさに悩んでいました。どうやらこれも秋バテの症状。夏の暑さで弱っているなか、気温差による自律神経の乱れと闘ってくれている身体……ありがとう！ そんな時に「タンパク質」。中でも「卵」は良質なタンパク質をたっぷり摂ることができる心強い食材です。秋は迷ったら「たまご粥」。よい選択です◎

菊花粥

重陽の節句は健康と長寿を願って

作り方

1 菊の花は中央の部分を残してばらす。たっぷりの湯（分量外）を沸かし、花びらを加えてもう一度沸騰したら10秒泳がせ、ざるに上げて流水で引きしめ、水気をきる。

POINT 湯に大さじ1〜2の酢（分量外）を入れると変色予防になる。

2 白粥を温め、菊の花を混ぜ込んで器に盛る。

＊お好みで岩塩やしょうゆと一緒に召し上がれ！

材料 茶碗1杯分

白粥 … 茶碗1杯分
＊作り方はP13参照
食用菊 … 適量

COLUMN

日常に戻るための行事食

行事食は理にかなっているな、と感じます。その季節の身体に必要な食材を取り入れるきっかけを与えてくれる、文化としての仕組み。先人の知恵とは素晴らしいものです。繁忙期や旅行などで食生活がめちゃくちゃに崩れてしまったときは、直近の行事食をいただくことから再スタートすることにしています。少しだけがんばって、ひとつだけきちんとしてみる。これだけで、非日常をリセットして、上手に日常に戻ることができます。リセットチャンスは元旦だけだと思っていたけれど、1年の中で何回もチャンスがあると知って、ちょっぴりラクになりました。

9 / 10

松前漬けのせ粥

必殺！ 海の幸あんかけ

9
月

(**材料**) 茶碗1杯分

たまご粥 … 茶碗1杯分
＊作り方はP16参照
松前漬け … 適量
白いりごま … 適量

(**作り方**)

1. たまご粥を温め、器に盛る。

2. 松前漬けをのせ、ごまをふる。

9 / 11

なるときんとき粥

根菜摂って秋の身体に

(**材料**) 茶碗2杯分

さつまいも（なるときんとき）
　… 小1本（約100g）
米 … ½合（約75g）
水 … 750mℓ
塩 … 小さじ⅓
〈トッピング〉
　みつば、岩塩 … 各適宜

(**作り方**)

1. 鍋に洗った米、水を入れる。かたよりがないようにならして、ふたをせずに中〜強火にかける。

2. さつまいもは輪切りにして水にさらしておく。

3. 沸騰してきたら、鍋底から米粒をはがすように玉じゃくしでゆっくり混ぜる。鍋に菜箸を渡し、ふたをしてふつふつと波打つ程度の弱〜中火で20分煮込む。

4. 水気をきったさつまいもを加える。再び菜箸を渡してふたをし、さらに10分煮る。

5. さっとアクをすくい取り、塩で味をととのえる。鍋全体をゆっくり混ぜて火を止める。ふたをして5分蒸らす。

6. 器に盛り、好みでみつばをのせ、岩塩をふる。

味わい塩粥

せかせかしちゃう朝こそ

（**材料**） 茶碗2杯分

米 … ½合（約75g）
水 … 700㎖
塩 … 小さじ⅓
〈トッピング〉
　クコの実（水でもどしたもの）
　… 適量

（**作り方**）

1　鍋によく洗った米、塩、水を入れる。かたよりがないようにならして、ふたをせずに中〜強火にかける。

2　沸騰してきたら、鍋底から米粒をはがすように玉じゃくしでゆっくり混ぜる。鍋に菜箸を渡し、ふたをしてふつふつと波打つ程度の弱〜中火で30分煮込む。

3　鍋全体をゆっくり混ぜて火を止め、ふたをして5分蒸らす。

4　器に盛り、クコの実を飾る。

カシューナッツ粥

甘いコクに癒される

（**材料**） 茶碗2杯分

カシューナッツ（素焼き）… 30g
米 … ½合（約75g）
水 … 750㎖
塩 … 小さじ½
〈トッピング〉
　ヨーグルト（無糖・塩で味をつけたもの）、黒こしょう
　… 各適宜

（**作り方**）

1　鍋に洗った米、カシューナッツ、水を入れる。具材のかたよりがないようにならして、ふたをせずに中〜強火にかける。

2　沸騰してきたら、鍋底から米粒をはがすように玉じゃくしでゆっくり混ぜる。鍋に菜箸を渡し、ふたをしてふつふつと波打つ程度の弱〜中火で30分煮込む。

3　さっとアクをすくい取り、塩で味をととのえる。鍋全体をゆっくり混ぜて火を止め、ふたをして5分蒸らす。

4　器に盛り、好みでヨーグルトをのせ、黒こしょうをふる。

美しき奇跡の野菜で巡りよく

バター香るビーツ粥

作り方

1. ビーツは洗って皮をむき、5mm〜1cmの角切りにする。

2. 鍋に洗った米、ビーツ、バター、水を入れる。具材のかたよりがないようにならして、ふたをせずに中〜強火にかける。

3. 沸騰してきたら、鍋底から米粒をはがすように玉じゃくしでゆっくり混ぜる。鍋に菜箸を渡し、ふたをしてふつふつと波打つ程度の弱〜中火で30分煮込む。

4. さっとアクをすくい取り、塩で味をととのえる。鍋全体をゆっくり混ぜて火を止め、ふたをして5分蒸らす。

5. 器に盛り、パセリをのせ、黒こしょうをふる。

材料　茶碗2杯分

ビーツ … 小1個
バター … 1かけ（10g）
米 … ½合（約75g）
水 … 750㎖
塩 … 小さじ½
〈トッピング〉
　パセリ、黒こしょう
　 … 各適量

（材料）　茶碗2杯分

黒米 … 小さじ1
さつまいも … 小1本（約100g）
米 … ½合（約75g）
水 … 750mℓ
塩 … 小さじ⅓

（作り方）

1 鍋に洗った米、黒米、水を入れる。かたよりがないようにならして、ふたをせずに中〜強火にかける。

2 この間にさつまいもは乱切りにして水にさらしておく。

3 沸騰してきたら、鍋底から米粒をはがすように玉じゃくしでゆっくり混ぜる。鍋に菜箸を渡し、ふたをしてふつふつと波打つ程度の弱〜中火で20分煮込む。

4 水気をきったさつまいもを加え、再び菜箸を渡してふたをし、さらに10分煮る。

5 さっとアクをすくい取り、塩で味をととのえる。鍋全体をゆっくり混ぜて火を止め、ふたをして5分蒸らし、器に盛る。

（材料）　茶碗2杯分

コーンクリーム缶 … 200g
米 … ½合（約75g）
バター … 1かけ（10g）
ローリエ … 1枚
水 … 750mℓ
塩 … 小さじ½
〈トッピング〉
　刻みパセリ、黒こしょう
　… 各少々

（作り方）

1 鍋に洗った米、バター、ローリエ、水を入れる。かたよりがないようにならして、ふたをせずに中〜強火にかける。

2 沸騰してきたら、鍋底から米粒をはがすように玉じゃくしでゆっくり混ぜる。鍋に菜箸を渡し、ふたをしてふつふつと波打つ程度の弱〜中火で30分煮込む。

3 ローリエを取り出し、コーンクリームを加え、塩で味をととのえる。鍋全体をゆっくり混ぜて火を止め、ふたをして5分蒸らす。

4 器に盛り、パセリを散らし黒こしょうをふる。

9/17

芋粥（乱切りのさつまいも粥）

芋名月、十五夜は実りに感謝

（材料） 茶碗2杯分

さつまいも … 小1本
米 … ½合（約75g）
水 … 750㎖
塩 … 小さじ⅓
〈トッピング〉
｜ 黒いりごま … 適量

（作り方）

1 鍋によく洗った米、水を入れ、ふたをせずに中〜強火にかける。この間にさつまいもは乱切りにして、水にさらしておく。

2 沸騰してきたら、鍋底から米粒をはがすように玉じゃくしでゆっくり混ぜる。鍋に菜箸を渡し、ふたをしてふつふつと波打つ程度の弱〜中火で20分煮込む。

3 水気をきったさつまいもを加え、再び菜箸を渡し、ふたをしてさらに10分煮る。

4 さっとアクをすくい取り、塩で味をととのえる。鍋全体をゆっくり混ぜて火を止め、ふたをして5分蒸らす。

5 器に盛り、ごまをふる。

9/18

ピーマンの中華風粥

油と合わせて吸収アップ＆旨味増し

（材料） 茶碗2杯分

ピーマン … 1個
米 … ½合（約75g）
ごま油 … 小さじ1
水 … 750㎖
塩 … 小さじ½
〈トッピング〉
｜ ピーマン（小さく刻んだもの）、
｜ 魚のほぐし身 … 各適宜

（作り方）

1 鍋に洗った米を入れ、ごま油を絡める。水を加え、かたよりがないようにならして、ふたをせずに中〜強火にかける。食べやすい大きさに切ったピーマンを加える。

2 沸騰してきたら、鍋底から米粒をはがすように玉じゃくしでゆっくり混ぜる。鍋に菜箸を渡し、ふたをしてふつふつと波打つ程度の弱〜中火で30分煮込む。

3 塩で味をととのえる。鍋全体をゆっくり混ぜて火を止め、ふたをして5分蒸らす。

4 器に盛り、好みでピーマン、魚のほぐし身をトッピングする。

コク旨がそそる傑作粥

豆乳担々粥

作り方

1 鍋に洗った米、水を入れる。かたよりがないようにならして、ふたをせずに中〜強火にかける。

2 沸騰してきたら、鍋底から米粒をはがすように玉じゃくしでゆっくり混ぜる。鍋に菜箸を渡し、ふたをしてふつふつと波打つ程度の弱〜中火で20分煮込む。

3 この間に坦々肉みそを作る。フライパンにサラダ油を熱し、ひき肉を炒める。パラパラして火が通ったらAを加えて汁気がなくなるまで炒め、なじませる。

4 2の鍋に豆乳を加えてゆっくり混ぜ、一度中火にする。表面がふつふつしてきたら、再び菜箸を渡してふたをし、ごく弱火で10分煮る。

5 塩で味をととのえる。鍋全体をゆっくり混ぜて火を止め、ふたをして5分蒸らす。

6 器に盛り、坦々肉みそをのせ、好みのものをトッピングする。

材料　茶碗2杯分

豆乳（無調整）… 300㎖
米 … ½合（約75g）
水 … 500㎖
塩 … 小さじ1
〈坦々肉みそ〉（作りやすい分量）
| 豚ひき肉 … 100g
| サラダ油 … 適量
A | 甜麺醤（テンメンジャン）… 大さじ1
| 豆板醤 … 小さじ1
| しょうゆ … 小さじ1
| おろししょうが … 少々
| おろしにんにく … 少々
〈トッピング〉
| 小ねぎの小口切り、
| 白髪ねぎ、ラー油、
| 白いりごま、糸唐辛子、
| 花椒 … 各適宜

9月

9/20

うっかり寝冷えしちゃったら

なつめとしょうがのおかゆ

（材料）　茶碗2杯分

乾燥なつめ … 3〜5個
しょうが … 1かけ
米 … ½合（約75g）
水 … 750ml
塩 … 小さじ⅓
はちみつ（または砂糖）… 適宜

（作り方）

1 鍋に洗った米、水を入れる。かたよりがないようにならして、ふたをせずに中〜強火にかける。

2 なつめは種を取り、輪切りにし、しょうがはせん切りにして鍋に加える。

3 沸騰してきたら、鍋底から米粒をはがすように玉じゃくしでゆっくり混ぜる。鍋に菜箸を渡し、ふたをしてふつふつと波打つ程度の弱〜中火で30分煮込む。

4 さっとアクをすくい取り、塩で味をととのえる。鍋全体をゆっくり混ぜて火を止め、ふたをして5分蒸らす。

5 器に盛り、好みではちみつをたらす。

9/21

緊張で胃がキリキリする日は骨つき肉！

手羽元の鶏粥

（材料）　茶碗2杯分

鶏手羽元 … 4〜6本
米 … ½合（約75g）
水 … 750ml
にんにく … 1片
塩 … 小さじ1
〈トッピング〉
　かいわれ大根、小ねぎの小口切り、ゆずこしょう … 各適量

（作り方）

1 手羽元をビニール袋に入れ、塩、こしょう各少々（分量外）をふってもみ込む。米は洗い、にんにくは薄切りにする。

2 鍋に手羽元、米、にんにく、水を入れる。具材のかたよりがないようにならして、ふたをせずに中〜強火にかける。

3 沸騰してきたら、鍋底から米粒をはがすように玉じゃくしでゆっくり混ぜる。鍋に菜箸を渡し、ふたをしてふつふつと波打つ程度の弱〜中火で30分煮込む。

4 アクをすくい取り、塩で味をととのえる。鍋全体をゆっくり混ぜて火を止め、ふたをして5分蒸らす。

5 器に盛り、かいわれ、小ねぎをのせ、ゆずこしょうを添える。

たっぷり食物繊維のおしゃアロマ

セロリともち麦のおかゆ

材料　茶碗2杯分

セロリ … 1本
もち麦 … 大さじ1
米 … ½合（約75g）
水 … 800㎖
塩 … 小さじ½
〈トッピング〉
| クルトン、刻みパセリ、
|　黒こしょう … 各少々

作り方

1　鍋に洗った米、もち麦、水を入れる。かたよりがないようにならして、ふたをせずに中〜強火にかける。

2　セロリは細かく刻み、鍋に加える。

3　沸騰してきたら、鍋底から米粒をはがすように玉じゃくしでゆっくり混ぜる。鍋に菜箸を渡し、ふたをしてふつふつと波打つ程度の弱〜中火で30分煮込む。

4　さっとアクをすくい取り、塩で味をととのえる。鍋全体をゆっくり混ぜて火を止め、ふたをして5分蒸らす。

5　器に盛り、クルトン、パセリを散らし、黒こしょうをふる。

9月

秋分の日は、感謝を込めて

新米の白粥

材料　茶碗2杯分

米 … ½合（約75g）
水 … 700㎖　　塩 … ふたつまみ
〈トッピング〉
| 梅干し … 2個
| 昆布の佃煮 … 適量

作り方

1　鍋によく洗った米、水を入れる。ふつふつと沸くまでふたをせずに中〜強火にかける。

2　沸騰してきたら、鍋底から米粒をはがすように玉じゃくしでゆっくり混ぜる。鍋に菜箸を渡し、ふたをしてふつふつと波打つ程度の弱〜中火で30分煮込む。

3　塩で味をととのえる。鍋全体をゆっくり混ぜて火を止め、ふたをして5分蒸らす。

4　器に盛り、好みで梅干し、昆布の佃煮を添える。

(COLUMN)

新米で作るおかゆの水分量は？

秋にだけ出合える、みずみずしい新米。新米は水分をたっぷり含んでいるため、ごはんを炊く場合、普段と同じかたさになるように水を減らすこともありますよね。おかゆの場合のおすすめは、ズバリいつも通りの水加減で作ること！我が家では、新米をいつものおかゆと同じかたさにしようと調節するのではなく、いつもと同じ水分量で作って、その違いをたのしむことにしています。おいしい水分量の幅が広い、おかゆだからこその新米のたのしみ方です。

甘み満点！食べ応え満点！

でか大根粥

（材料） 茶碗2杯分

大根 … 10cm
米 … ½合 (約75g)
水 … 800㎖
塩 … 小さじ⅓
〈トッピング〉
　粉山椒 … 少々

（作り方）

1 大根は2〜3cm幅に切って皮をむく。火が通りやすくなるように十字に切り込みを入れる。

2 鍋に洗った米、大根、水を入れる。具材のかたよりがないようにならして、ふたをせずに中〜強火にかける。

3 沸騰してきたら、鍋底から米粒をはがすように玉じゃくしでゆっくり混ぜる。鍋に菜箸を渡し、ふたをしてふつふつと波打つ程度の弱〜中火で30分煮込む。

4 さっとアクをすくい取り、塩で味をととのえる。鍋全体をゆっくり混ぜて火を止め、ふたをして5分蒸らす。

5 器に盛り、粉山椒をふる。

＊みそ、ゆずみそなどを添えるのもおすすめ。

9/25

やわらかもっちり

餅入り粥

（材料） 茶碗2杯分

切り餅 … 1個
米 … ½合 (約75g)
水 … 750㎖
塩 … 小さじ⅓
〈トッピング〉
　海苔の佃煮、七味唐辛子、
　白いりごま … 各適量

（作り方）

1 鍋に洗った米、水を入れる。かたよりがないようにならして、ふたをせずに中〜強火にかける。餅は1cm角に切る。

2 沸騰してきたら、鍋底から米粒をはがすように玉じゃくしでゆっくり混ぜる。鍋に菜箸を渡し、ふたをしてふつふつと波打つ程度の弱〜中火で20分煮込む。

3 1cm角に切った餅を加える。再び菜箸を渡してふたをし、さらに10分煮る。

4 塩で味をととのえる。鍋全体をゆっくり混ぜて火を止め、ふたをして5分蒸らす。

5 器に盛り、海苔の佃煮を添え、七味唐辛子、ごまをふる。

＊トッピングは甘い系（砂糖じょうゆ、きなこ、あんこ、黒みつなど）もおいしいです。

温活にぴったり！韓国伝統の養生食

韓国風かぼちゃ粥（ホバクジュ）

作り方

1 かぼちゃはワタを取り、3〜5cm角に切って皮を除く。

2 鍋にごはん、かぼちゃ、水を入れて、ふたをせずに強火にかける。

3 沸騰したら中火にして、かぼちゃがやわらかくなるまで10分ほど煮込む。途中アクをすくい取る。

4 火を止め、おかゆをブレンダーやミキサーで撹拌し、とろとろにする。

5 鍋に戻して弱火にかけ、煮詰める。水を適量（分量外）を加えて好みのとろみに仕上げる。

6 砂糖と塩で味をととのえ、器に盛る。クコの実、松の実を飾る。

材料　茶碗2〜3杯分

かぼちゃ … ¼個（約400g）
ごはん … 茶碗1杯分
水 … 500mℓ
砂糖 … 大さじ2
塩 … 小さじ½
〈トッピング〉
　クコの実（水でもどしたもの）、
　　松の実 … 各適量

COLUMN

韓国のとろとろ粥の秘密

韓国のおかゆには、あわび粥に代表される粒感のあるおかゆと、かぼちゃ粥・松の実粥・黒ごま粥などの粒感のないとろとろとしたおかゆがあります。今回のおかゆのようにブレンダーやミキサーで撹拌して作る方法のほか、スープのようなベースを作ってから米粉でとろみをつける方法もあります。

しょうが香る牛粥

ひんやり朝は滋養たっぷり

材料 茶碗2杯分

牛もも薄切り肉 … 100〜150g
しょうが … 1かけ
米 … ½合（約75g）
水 … 750㎖
塩 … 小さじ½〜
〈トッピング〉
　レモンのいちょう切り、
　小ねぎの小口切り、
　黒こしょう … 各適量

作り方

1　牛肉は塩、こしょう各少々（分量外）をふり、しょうがはせん切りにする。

2　鍋に洗った米、水を入れる。かたよりがないようにならして、ふたをせずに中〜強火にかける。

3　沸騰してきたら、鍋底から米粒をはがすように玉じゃくしでゆっくり混ぜる。鍋に菜箸を渡し、ふたをしてふつふつと波打つ程度の弱〜中火で15分煮込む。

4　牛肉としょうがを加え、再び菜箸を渡してふたをし、さらに15分煮る。

5　さっとアクをすくい取り、塩で味をととのえる。鍋全体をゆっくり混ぜて火を止め、ふたをして5分蒸らす。

6　器に盛り、レモンをのせ、小ねぎを散らし黒こしょうをふる。

材料 茶碗2杯分

ユキノシタ（市販品）… ½パック（50g）
＊茶えのきで代用しても◎
米 … ½合（約75g）
ごま油 … 小さじ1
水 … 700㎖
塩 … 小さじ½
〈トッピング〉
　クリームチーズ、青じそのせん
　切り、黒こしょう … 各適量

作り方

1　鍋に洗った米を入れ、ごま油を絡める。洗ったユキノシタ、水を加える。かたよりがないようにならして、ふたをせずに中〜強火にかける。

2　沸騰してきたら、鍋底から米粒をはがすように玉じゃくしでゆっくり混ぜる。鍋に菜箸を渡し、ふたをしてふつふつと波打つ程度の弱〜中火で30分煮込む。

ユキノシタ粥

一度は食べていただきたい

3　さっとアクをすくい取り、塩で味をととのえる。鍋全体をゆっくり混ぜて火を止め、ふたをして5分蒸らす。

4　器に盛り、クリームチーズ、青じそをのせ、黒こしょうをふる。

グルタミン酸×イノシン酸で旨味に隙なし

かつおぶしのせトマト缶粥

材料 茶碗2杯分

トマト水煮缶（カット）
　… 300g
米 … ½合（約75g）
水 … 600㎖
塩 … 小さじ⅓〜
削りかつお … 1パック（3g）
しょうゆ … 少々

作り方

1 鍋に洗った米、水を入れる。かたよりがないようにならして、ふたをせずに中〜強火にかける。

2 沸騰してきたら、鍋底から米粒をはがすように玉じゃくしでゆっくり混ぜる。鍋に菜箸を渡し、ふたをしてふつふつと波打つ程度の弱〜中火で20分煮込む。

3 カットトマトを加えてよく混ぜる。再び菜箸を渡してふたをし、さらに10分煮る。

4 さっとアクをすくい取り、塩で味をととのえる。鍋全体をゆっくり混ぜて火を止め、ふたをして5分蒸らす。

5 器に盛り、削りかつおをのせ、しょうゆをたらす。

夏の台湾で出合ったクールダウンの特効薬

冷製小米緑豆粥（粟と緑豆のおかゆ）
シャオ・ミー・リョウトウ・ジョウ

材料 茶碗2杯分

緑豆 … 50g
粟 … 50g
水 … 1000㎖
砂糖 … 大さじ1〜
塩 … 少々

作り方

1 緑豆、粟はさっと洗って鍋に入れる。水を加えて強火にかけ、沸騰したらときどき混ぜながら弱火にして、ふたをせずに30分煮込む。

2 砂糖と塩で味をととのえ、火を止める。

3 余熱を取り、冷蔵庫に入れて冷やし、器に盛る。

＊砂糖でしっかり味付けし、冷凍していただくのもおすすめです！半凍りのシャキシャキ状態は小豆アイスのようでおいしいです！

秋は白食材でうるおい補給

はすの実粥

材料 茶碗2杯分

はすの実（乾燥）… 20個
米 … ½合（約75g）
水 … 750㎖
塩 … 小さじ⅓

作り方

1 はすの実は芽を取り、できれ
ば一晩水に浸ける。

2 鍋によく洗った米、水気をき
ったはすの実、水を入れる。
具材のかたよりがないように
ならして、ふたをせずに中〜強火にかける。

3 沸騰してきたら、鍋底から米粒をはがすよ
うに玉じゃくしでゆっくり混ぜる。鍋に菜
箸を渡し、ふたをしてふつふつと波打つ程
度の弱〜中火で30分煮込む。

4 さっとアクをすくい取り、塩
で味をととのえる。鍋全体を
ゆっくり混ぜて火を止め、ふ
たをして5分蒸らし、器に盛
る。

ときめきフラクタル

カリカリチーズ添えロマネスコ粥

材料 茶碗2杯分

ロマネスコ … 100g
米 … ½合（約75g）
水 … 750㎖
塩 … 小さじ½

〈トッピング〉
チーズ、
黒こしょう
… 各適宜

作り方

1 鍋に洗った米、水を入れる。
かたよりがないようにならし
て、中〜強火にかける。

2 この間に下ごしらえをする。
ロマネスコは食べやすい大き
さにばらし、よく洗う。水気
をきり、塩をもみ込んでおく。

3 沸騰してきたら、鍋底から米
粒をはがすように玉じゃくし
でゆっくり混ぜる。鍋に菜箸
を渡し、ふたをしてふつふつ
と波打つ程度の弱〜中火で
27分煮込む。

4 ロマネスコを加える。再び菜
箸を渡し、ふたをしてさらに
3分煮る。

5 さっとアクをすくい取る。味をみて足りな
ければ塩少々（分量外）を足し、味をとと
のえる。鍋全体をゆっくり混ぜて火を止め、
ふたをして5分蒸らす。

6 器に盛り、好みで、カリカリに焼いたチー
ズをのせ、黒こしょうをふる。

＊カリカリチーズは電子レンジで作ります。とけるタ
イプのチーズをクッキングペーパーにのせ、様子を
みながら1〜2分ほど加熱します。

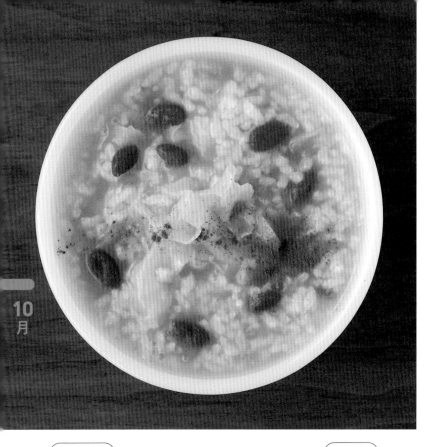

10月

中国伝統のうるおい粥

白きくらげとクコのおかゆ

作り方

1. 白きくらげはたっぷりの水に浸し、冷蔵庫で一晩浸水させる。

2. 鍋に洗った米、一口大に切った白きくらげ、さっと洗ったクコの実、水を入れる。具材のかたよりがないようにならして、ふたをせずに中〜強火にかける。

3. 沸騰してきたら、鍋底から米粒をはがすように玉じゃくしでゆっくり混ぜる。鍋に菜箸を渡し、ふたをしてふつふつと波打つ程度の弱〜中火で30分煮込む。

4. さっとアクをすくい取り、砂糖、塩で味をととのえる。鍋全体をゆっくり混ぜて火を止め、ふたをして5分蒸らす。

5. 器に盛り、シナモンパウダーをふる。

材料　茶碗2杯分

白きくらげ … 5g
クコの実 … 大さじ1
米 … ½合（約75g）
水 … 850㎖
砂糖 … 大さじ1〜
塩 … ひとつまみ
〈トッピング〉
｜シナモンパウダー … 適量

超濃厚！鶏ポタージュ

鶏皮粥

〈材料〉 茶碗2杯分

鶏皮 … 50～100g
米 … ½合（約75g）
水 … 750㎖
しょうが … 1かけ
塩 … 小さじ1
〈トッピング〉
　白髪ねぎ、黒こしょう、
　鶏皮せんべい … 各適宜

〈作り方〉

1 鍋によく洗った米、一口大に切った鶏皮、水を入れ、ふたをせずに中火にかける。しょうがは薄切りにし、鍋に加える。

2 沸騰してきたら、鍋底から米粒をはがすように玉じゃくしでゆっくり混ぜる。鍋に菜箸を渡し、ふたをしてふつふつと波打つ程度の弱～中火で30分煮込む。

3 アクをすくい取り、塩で味をととのえたら、鍋全体をゆっくり混ぜて火を止め、ふたをして5分蒸らす。

4 器に盛り、好みで白髪ねぎ、鶏皮せんべい（鶏の皮をパリパリに焼いたもの）をのせ、黒こしょうをふる。

10/5

秋のかぶは煮込み向き

シンプルなかぶ粥

〈材料〉 茶碗2杯分

かぶ … ½～1個
米 … ½合（約75g）
水 … 750㎖
塩 … 小さじ½

＊水をだし汁に置き換えるのもおすすめ。

〈作り方〉

1 鍋によく洗った米、水を入れる。ふつふつと沸くまで、ふたをせずに中火にかける。この間にかぶの葉は刻み、実は一口大に切っておく。

2 沸騰してきたら、鍋底から米粒をはがすように玉じゃくしでゆっくり混ぜる。鍋に菜箸を渡し、ふたをして弱火で15分煮込む。

3 かぶの葉、実を加え、再び菜箸を渡してふたをし、さらに弱火で15分煮る。

4 塩で味をととのえる。鍋全体をゆっくり混ぜて火を止め、ふたをして5分蒸らし、器に盛る。

＊秋のかぶは味が濃いため、水をだし汁に置きかえたり、塩昆布のトッピングなどで旨味を加えるのもおすすめです。

10
6

風邪撃退ぽかぽか粥

ゆず香るしょうが粥

材料 茶碗2杯分

しょうが … 1かけ
米 … ½合（約75g）
水 … 700㎖
塩 … 小さじ⅓
ゆずの皮 … 適量

作り方

1 鍋によく洗った米、せん切りにしたしょうが、水を入れる。ふたをせずに中火にかける。

2 沸騰してきたら、鍋底から米粒をはがすように玉じゃくしでゆっくり混ぜる。鍋に菜箸を渡し、ふたをして弱火で30分煮込む。

3 塩で味をととのえる。鍋全体をゆっくり混ぜて火を止め、ふたをして5分蒸らす。

4 器に盛り、ゆずの皮をのせる。

＊味は薄めに仕上げています。好みでゆず果汁、塩やしょうゆ、砂糖をかけてどうぞ。

10
7

巡りをよくして肌荒れ改善

みつば豆腐粥

材料 茶碗2杯分

豆腐 … 小1丁（100g）
みつば … 1束
米 … ½合（約75g）
水 … 700㎖
塩 … 小さじ⅓〜
ごま油 … 適宜

作り方

1 鍋によく洗った米、水を入れる。ふたをせずに中火にかける。この間に豆腐は冷蔵庫から出して常温に置く。

2 沸騰してきたら、鍋底から米粒をはがすように玉じゃくしでゆっくり混ぜる。鍋に菜箸を渡し、ふたをして弱火で25分煮込む。

3 水気をきった豆腐を手で崩しながら加える。再び菜箸を渡してふたをし、さらに弱火で5分煮る。

4 塩で味をととのえる。鍋全体をゆっくり混ぜて火を止め、ふたをして5分蒸らす。

5 みつばは細かく切り、おかゆに混ぜ込む。

6 器に盛り、好みでごま油をたらす。みつばの葉を飾ってもよい。

＊豆腐は絹でももめんでも、お好みでどうぞ。

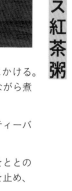

（材料）　茶碗2〜3杯分

紅茶ティーバッグ … 1〜2個
米 … ½合（約75g）
水 … 1200㎖
好みのスパイス2〜3種（しょうが、
　クローブ、八角、シナモン、クコの実、
　なつめ、カルダモン、松の実、
　ナツメグなど）… 適量
塩 … 小さじ⅓

（作り方）

1 深さのある鍋に水を入れて強火にかける。この間に米を洗ってざるに上げる。

2 沸騰したら米、ティーバッグ、スパイスを加える。再び沸いたら、鍋底から米粒をはがすように玉じゃくしでゆっくり混ぜる。

3 ふたをせずに15分ほど中〜強火にかける。ぐるんぐるんと米を対流で躍らせながら煮込む。

 POINT 紅茶の色が濃い目に出たらティーバッグを取り出す。

4 さっとアクをすくい取り、塩で味をととのえる。鍋全体をゆっくり混ぜ、火を止め、ふたをして5分蒸らし、器に盛る。

（材料）　茶碗2杯分

きのこ … 100〜150g
米 … ½合（約75g）
水 … 700㎖　　塩 … 小さじ1
〈トッピング〉
｜黒こしょう … 適宜

＊きのこはしいたけ、しめじ、えのき、まいたけ、マッシュルーム、エリンギ、ひらたけなどから、好みのものを3種類以上組み合わせて使います。

（作り方）

1 鍋によく洗った米、水を入れて、ふたをせずに中〜強火にかける。

2 この間に下ごしらえをする。きのこはそれぞれ石づきを取ってばらしたり、食べやすく切ったりして、全て鍋に加える。

3 沸騰してきたら、鍋底から米粒をはがすように玉じゃくしでゆっくり混ぜる。鍋に菜箸を渡し、ふたをしてふつふつと波打つ程度の弱〜中火で30分煮込む。

4 塩で味をととのえる。鍋全体をゆっくり混ぜて火を止め、ふたをして5分蒸らす。

5 器に盛り、好みで黒こしょうをふる。

（**材料**）　茶碗2〜3杯分

さつまいも … 小1本（約100g）
ルイボスティーバッグ
　… 1〜2個
米 … ½合（約75g）
水 … 1000㎖
塩 … 小さじ⅓

＊茶粥は「ほうじ茶」が定番ですが、
　ルイボスティーに。麦茶、紅茶、
　黒豆茶なども美味です。

（**作り方**）

1　深さのある鍋に水を入れて強火にかける。この間に米は洗い、さつまいもは半月切りにする。

2　沸騰したら米、水気をきったさつまいも、ティーバッグを入れる。再び沸いたら、鍋底から米粒をはがすように玉じゃくしでゆっくり混ぜる。

3　ふたをせずに15分ほど中〜強火にかける。ぐるんぐるんと米を対流で躍らせながら煮込む。

（**POINT**）　お茶の色が濃い目に出たらティーバッグを取り出す。

4　さっとアクをすくい取り、塩で味をととのえる。鍋全体をゆっくり混ぜて火を止め、ふたをして5分蒸らす。

＊塩昆布や岩塩などを添えるのもおすすめです。

10月

（**材料**）　茶碗1杯分

好みの刺身 … 適量
白粥 … 茶碗1杯分
＊作り方はP13参照
〈漬けだれ〉
　しょうゆ、ごま油
　　… 1：1の適量
〈トッピング〉
　青じそのせん切り、食用菊、
　白いりごま … 各適宜

（**作り方**）

1　刺身は水気を拭き取り、漬けだれに絡め、冷蔵庫で5分以上置く。

2　白粥を温め、器に盛る。

3　漬け刺身をのせ、好みで青じそ、ばらした菊の花を飾り、ごまをふる。

香りが濃ゆい！ しいたけ好きのための

丸ごとしいたけ粥

作り方

1 鍋に洗った米、水を入れる。かたよりがないようにならして、ふたをせずに中〜強火にかける。この間にしいたけは石づきを切り、好みで飾り切りにしておく。

2 沸騰してきたら、鍋底から米粒をはがすように玉じゃくしでゆっくり混ぜる。鍋に菜箸を渡し、ふたをしてふつふつと波打つ程度の弱〜中火で30分煮込む。

3 塩で味をととのえ、鍋全体をゆっくり混ぜる。

4 しいたけを加えてふたをし、ごく弱火で2〜3分ほど煮て火を止める。ふたをしたまま5分蒸らす。

5 器に盛り、みつば、とろろ昆布をのせる。

材料 茶碗2杯分

しいたけ … 4個
米 … ½合(約75g)
水 … 700㎖
塩 … 小さじ½
〈トッピング〉
　みつばの葉、とろろ昆布
　　… 各少々

＊しいたけの大きさに合わせて加熱時間を調節してください。
＊お好みでしょうゆをかけながら召し上がれ！

ピカイチの生命力を拝借

ぎんなん粥

材料 茶碗2杯分

ぎんなん … 10〜15個
米 … ½合（約75g）
水 … 700ml
塩 … 小さじ⅓

作り方

1 鍋によく洗った米、殻を割って薄皮をむいたぎんなん、水を入れる。具材のかたよりがないようにならして、ふたをせずに中〜強火にかける。

2 沸騰してきたら、鍋底から米粒をはがすように玉じゃくしでゆっくり混ぜる。鍋に菜箸を渡し、ふたをしてふつふつと波打つ程度の弱〜中火で30分煮込む。

3 さっとアクをすくい取り、塩で味をととのえる。鍋全体をゆっくり混ぜて火を止め、ふたをして5分蒸らし器に盛る。

冷えのこわばりほぐしてこ

くずあんかけ粥

材料 茶碗2〜3杯分

〈とろみ〉
　本くず粉（なければ片栗粉）
　… 大さじ1
　水 … 大さじ1
A　だし汁 … 200ml
　しょうゆ … 小さじ1
　酒 … 小さじ1
　砂糖 … 小さじ1
　塩 … ひとつまみ
白粥 … 茶碗2〜3杯分
＊作り方はP13参照
〈トッピング〉
　おろししょうが … 適量

作り方

1 耐熱容器にとろみの材料を入れてよく混ぜる。完全に溶けたらAを加え、さらに混ぜる。

2 ラップをせずに600Wの電子レンジで1分ずつ加熱する。その都度レンジから取り出してよく混ぜる。全体に透明感が出るまで何度か繰り返す。

3 白粥を温め、器に盛る。

4 2のくずあんかけをかけ、しょうがをのせる。

〈材料〉 茶碗2杯分

むき栗 … 6〜10個
米 … ½合（約75g）
水 … 750㎖
塩 … 小さじ⅓

〈作り方〉

1 鍋に洗った米、むき栗、水を入れる。具材のかたよりがないようにならして、ふたをせずに中〜強火にかける。

2 沸騰してきたら、鍋底から米粒をはがすように玉じゃくしでゆっくり混ぜる。鍋に菜箸を渡し、ふたをしてふつふつと波打つ程度の弱〜中火で30分煮込む。

3 さっとアクをすくい取り、塩で味をととのえる。鍋全体をゆっくり混ぜて火を止め、ふたをして5分蒸らし、器に盛る。

ぷちぷちとろとろしあわせ

たらこあんかけ粥

〈材料〉 茶碗2杯分

〈とろみ〉
本くず粉（なければ片栗粉）
　… 大さじ1
水 … 大さじ1

A
だし汁 … 200㎖
ほぐしたらこ … 大さじ1
しょうゆ … 小さじ1
酒 … 小さじ1
砂糖 … 小さじ1
塩 … ひとつまみ

白粥 … 茶碗2杯分
＊作り方はP13参照

〈トッピング〉
青じそのせん切り、明太子、
　白いりごま … 各適宜

〈作り方〉

1 耐熱容器にとろみの材料を入れて混ぜる。完全に溶けたら**A**の材料をすべて加えて、さらに混ぜる。

＊身体の冷えがある日は、たらこの代わりに明太子もおすすめです。明太子パスタをヒントに、小ねぎの小口切りや刻みねぎ、レモンなどのトッピングも相性抜群！

2 ラップをせずに600Wの電子レンジで1分くらいずつ加熱する。その都度レンジから取り出してよく混ぜる。透明感が出るまで何度か繰り返す。

3 白粥を温め、器に盛る。

4 2のたらこあんをかける。

5 好みでしそ、明太子をのせ、ごまをふる。

秋の白食材を華やかに

菊とろろ粥

作り方

1 小菊1個は花をばらす。山芋、卵黄、めんつゆは混ぜてとろろを作る。

2 白粥を温める。

3 器に盛り、とろろをかける。菊の花を散らし、残りの小菊をのせ、好みでしょうゆをたらす。

材料　茶碗2杯分

食用小菊 … 3個
〈とろろ〉
　山芋のすりおろし … 約200g
　卵黄 … 1個分
　めんつゆ … 少々
白粥 … 茶碗2杯分
＊作り方はP13参照
しょうゆ … 適宜

COLUMN

日常に取り入れたい菊花

お刺身にのっている菊の花、食べる派ですか？ 菊花はしそやわさびと同様、殺菌効果が期待できるため、お刺身に添えられているのだそうです。ほかにも、のどのケアや、血行促進効果、水分代謝の調節の働きなど、うれしいパワーが盛りだくさん。中でも現代人にうれしい「目のケア」の働きは注目です！ 薬膳の世界では「目の乾き」「目の疲れによる頭痛緩和」など目に関するトラブル解消に用いられているそうで。彩りのためだけではない力を秘めた、すごいコなのです。

紅芯大根粥

とうもろこし系のやさしい甘み

作り方

1 鍋によく洗った米、水を入れる。かたよりがない
ようにならして、ふたをせずに中〜強火にかける。
この間に紅芯大根は1cm角に切る。

2 沸騰してきたら、鍋底から米粒をはがすように玉
じゃくしでゆっくり混ぜる。鍋に菜箸を渡し、ふ
たをしてふつふつと波打つ程度の弱〜中火で20
分煮込む。

3 紅芯大根を加え、再び菜箸を渡し、ふたをして、
さらに10分煮る。

4 さっとアクをすくい取り、塩で味をととのえる。
鍋全体をゆっくり混ぜて火を止め、ふたをして5
分蒸らす。

5 器に盛り、パセリを散らし、黒こしょうをふる。

材料　茶碗2杯分

紅芯大根 … 100g
米 … ½合（約75g）
水 … 750㎖
塩 … 小さじ⅓
〈トッピング〉
　パセリ、黒こしょう
　　… 各適量

大団円確定

焼きカニみそたまご粥

（材料） 茶碗1杯分

たまご粥 … 茶碗1杯分
＊作り方はP16参照
カニみそ … 約20g
〈トッピング〉
│ 小ねぎの小口切り … 適量

（作り方）

1 たまご粥を温める。

2 器に盛り、カニみそをなるべく薄くのせる。

3 カニみそをバーナーで少し焦げ目がつくらいにあぶる。耐熱用の器なら魚焼きグリルやオーブントースターで焼き、焦げ目をつける。

4 小ねぎを散らす。

ほっと一息、甘ずっぱ粥

りんごとレーズンのおかゆ

（材料） 茶碗2杯分

りんご … ½個
レーズン … 20g
米 … ½合（約75g）
水 … 750㎖
塩 … 少々
〈トッピング〉
│ 黒こしょう、シナモン
│ パウダー … 各少々
│ はちみつ … 適宜

（作り方）

1 りんごは一口大に切り、塩水（分量外）にさらす。

2 鍋に洗った米、水気をきったりんご、レーズン、水を入れる。具材のかたよりがないようにならして、ふたをせずに中〜強火にかける。

3 沸騰してきたら、鍋底から米粒をはがすように玉じゃくしでゆっくり混ぜる。鍋に菜箸を渡し、ふたをして、ふつふつと波打つ程度の弱〜中火で30分煮込む。

4 さっとアクをすくい取り、塩で味をととのえる。鍋全体をゆっくり混ぜて火を止め、ふたをして5分蒸らす。

5 器に盛り、黒こしょう、シナモンをふり、好みではちみつを添える。

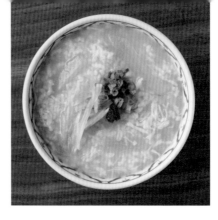

おいしく腸活

帆立風味のヤーコン粥

（材料） 茶碗2杯分

帆立水煮缶（フレーク）… 1缶（65g）
ヤーコン … 小½本（約100g）
米 … ½合（約75g）
水 … 約800ml
塩 … 小さじ½
〈トッピング〉
　小ねぎの小口切り、クコの実（水で
　もどしたもの）… 各適量

（作り方）

1 ヤーコンは皮をむき、拍子木切りにして水に10分以上さらす。

2 鍋に洗った米、水気をきったヤーコン、帆立を入れる。

3 帆立缶の缶汁と水を合わせて800mlにし、2に加える。具材のかたよりがないようにならして、ふたをせずに中〜強火にかける。

4 沸騰してきたら、鍋底から米粒をはがすように玉じゃくしでゆっくり混ぜる。鍋に菜箸を渡し、ふたをしてふつふつと波打つ程度の弱〜中火で30分煮込む。

5 さっとアクをすくい取り、塩で味をととのえる。鍋全体をゆっくり混ぜて火を止め、ふたをして5分蒸らす。

6 器に盛り、小ねぎを散らし、クコの実を飾る。

身体のお掃除意識して

ごま油香るごぼう粥

（材料） 茶碗2杯分

ごぼう … 細1本（約100g）
米 … ½合（約75g）
ごま油 … 小さじ1
水 … 750ml
塩 … 小さじ½
〈トッピング〉
　にんじんのせん切り、ごま油、
　白いりごま … 各適宜

（作り方）

1 ごぼうは泥を落とし、1cm幅に切る。色止めのために酢水（分量外）にさらしておく。

2 鍋に洗った米を入れ、ごま油を絡める。水を加え、かたよりがないようにならして、ふたをせずに中〜強火にかける。

3 沸騰してきたら、鍋底から米粒をはがすように玉じゃくしでゆっくり混ぜる。鍋に菜箸を渡し、ふたをしてふつふつと波打つ程度の弱〜中火で、20分煮込む。

4 水気をきったごぼうを加え、再び菜箸を渡し、ふたをしてさらに10分煮る。

5 さっとアクをすくい取り、塩で味をととのえる。鍋全体をゆっくり混ぜて火を止め、ふたをして5分蒸らす。

6 器に盛り、好みでにんじんをのせ、ごま油をかけ、ごまをふる。

＊しょうゆなどをかけながら食べるのもおすすめです！

にんにくたっぷりラム粥

キンキンの身体も汗だく!?

材料 茶碗2杯分

ラム肩切り落とし肉 … 100g
にんにく … 4片
しょうが … 1かけ
米 … ½合（約75g）
水 … 750㎖
塩 … 小さじ1
〈トッピング〉
　オニオンスライス、クミン
　… 各適量

作り方

1 ラム肉は塩、こしょう各少々（分量外）を
もみ込む。にんにくは皮をむき、しょうが
は薄切りにする。

2 鍋に洗った米、水を入れる。かたよりがな
いようにならして、ふたをせずに中〜強火
にかける。

3 沸騰してきたら、鍋底から米粒をはがすよ
うに玉じゃくしでゆっくり混ぜる。鍋に菜
箸を渡し、ふたをしてふつふつと波打つ程
度の弱〜中火で15分煮込む。

4 ラム肉、にんにく、しょうが
を加え、再び菜箸を渡し、ふ
たをしてさらに15分煮る。

5 さっとアクをすくい取り、塩
で味をととのえる。鍋全体を
ゆっくり混ぜて火を止め、ふ
たをして5分蒸らす。

6 器に盛り、オニオンスライス、
クミンをトッピングする。

里芋粥

木枯らしが吹く頃に

材料 茶碗2杯分

さといも … 3個
米 … ½合（約75g）
水 … 750㎖
塩 … 小さじ⅓

作り方

1 さといもは泥を落として皮をむく。
一口大に切り、変色防止に酢水
（分量外）に浸しておく。

2 鍋に洗った米、水を入れる。かた
よりがないようにならして、ふた
をせずに中〜強火にかける。

3 沸騰してきたら、鍋底から米粒をはがすよ
うに玉じゃくしでゆっくり混ぜる。鍋に菜
箸を渡し、ふたをしてふつふつと波打つ程
度の弱〜中火で20分煮込む。

4 水気をきったさといもを加え、再び菜箸を
渡し、ふたをしてさらに10分煮る。

5 さっとアクをすくい取り、塩で
味をととのえる。鍋全体をゆっ
くり混ぜて火を止め、ふたをし
て5分蒸らし、器に盛る。

＊トッピングは三升漬け（唐辛子の麹・
しょうゆ漬け）、ゆずの皮を使いました。
お好みのものを!

朝からバリバリ動きたい日の

牛サイコロステーキ粥

（ 材料 ） 茶碗2杯分

牛サイコロステーキ用肉 … 100g
米 … ½合（約75g）
ごま油 … 小さじ1
水 … 750㎖
おろししょうが … 小さじ1
塩 … 小さじ½〜
〈トッピング〉
　ヨーグルト（無糖）、スプラウト、
　黒こしょう … 各適宜

（ 作り方 ）

1　牛肉は冷蔵庫から出して常温に置き、塩、こしょう各少々（分量外）をもみ込む。

2　鍋に洗った米を入れ、ごま油を絡める。水を加え、かたよりがないようにならして、ふたをせずに中〜強火にかける。

3　沸騰してきたら、鍋底から米粒をはがすように玉じゃくしでゆっくり混ぜる。鍋に菜箸を渡し、ふたをしてふつふつと波打つ程度の弱〜中火で15分煮込む。

4　牛肉を加え、再び菜箸を渡し、ふたをしてさらに15分煮る。

5　さっとアクをすくい取り、塩で味をととのえる。鍋全体をゆっくり混ぜて火を止め、ふたをして5分蒸らす。

6　器に盛り、好みでヨーグルトをのせ、スプラウトを散らし、黒こしょうをふる。

潤いかなえるコク粥

松の実粥

（ 材料 ） 茶碗2杯分

松の実 … 大さじ1
米 … ½合（約75g）
水 … 750㎖
塩 … 小さじ⅓

（ 作り方 ）

1　鍋によく洗った米、松の実、水を入れる。具材のかたよりがないようにならして、ふたをせずに中〜強火にかける。

2　沸騰してきたら、鍋底から米粒をはがすように玉じゃくしでゆっくり混ぜる。鍋に菜箸を渡し、ふたをしてふつふつと波打つ程度の弱〜中火で30分煮込む。

3　塩で味をととのえる。鍋全体をゆっくり混ぜて火を止め、ふたをして5分蒸らし、器に盛る。

＊松の実はローストではなく生のものがおかゆ向きです。松の実から出る油分でとろりと仕上がります。

秋鮭粥

鍋用食材はおかゆにぴったり

材料　茶碗2杯分

鮭の切り身 … 鍋用½パック（約100g）
米 … ½合（約75g）
昆布だし汁（昆布5cm角＋水）… 750ml
＊作り方はP111参照
塩 … 小さじ½〜
〈トッピング〉
 ねぎの小口切り、みそ、食用菊花
 … 各適宜

作り方

1 鍋に洗った米、だし汁を入れる。かたよりがないようにならして、ふたをせずに中〜強火にかける。この間に鮭の切り身は食べやすく切って酒少々（分量外）をふる。

2 沸騰してきたら、鍋底から米粒をはがすように玉じゃくしでゆっくり混ぜる。鍋に菜箸を渡し、ふたをしてふつふつと波打つ程度の弱〜中火で20分煮込む。

3 鮭を加え、再び菜箸を渡し、ふたをしてさらに10分煮る。

4 さっとアクをすくい取り、塩で味をととのえる。鍋全体をゆっくり混ぜて火を止め、ふたをして5分蒸らす。

5 器に盛り、好みでねぎ、みそ、菊花を添える。

豚とさつまいものおかゆ

疲れが抜けない朝の養生

材料　茶碗2杯分

豚こま切れ肉 … 100g
さつまいも … 小1本（約100g）
米 … ½合（約75g）
水 … 750ml
塩 … 小さじ½〜
〈トッピング〉
 黒こしょう … 少々

作り方

1 鍋に洗った米、水を入れる。かたよりがないようにならして、ふたをせずに中〜強火にかける。

2 この間に下ごしらえをする。豚肉は塩、こしょう各少々（分量外）をもみ込む。さつまいもは一口大に切って水にさらしておく。

3 沸騰してきたら、鍋底から米粒をはがすように玉じゃくしでゆっくり混ぜる。鍋に菜箸を渡し、ふたをしてふつふつと波打つ程度の弱〜中火で15分煮込む。

4 水気をきったさつまいも、豚肉を加えて火を強め、鍋の中の温度を上げる。ふつふつと波打つ程度の弱〜中火に戻し、再び菜箸を渡し、ふたをしてさらに15分煮る。

5 さっとアクをすくい取り、塩で味をととのえる。鍋全体をゆっくり混ぜて火を止め、ふたをして5分蒸らす。

6 器に盛り、黒こしょうをふる。

10
月

とろみプラスの隠し技

米油のとろとろ鶏粥

（材料） 茶碗2杯分

鶏もも肉 … 100〜150g
米油 … 小さじ1
米 … ½合（約75g）
水 … 750㎖　　塩 … 小さじ½
〈トッピング〉
　長ねぎの小口切り、クコの実（水で
　もどしたもの）、黒こしょう、
　ゆずこしょう … 各適量

（作り方）

1　鶏肉は食べやすい大きさに切り、塩、こしょう各少々（分量外）をもみ込む。

2　鍋に洗った米を入れ、米油を絡める。鶏肉、水を加え、具材のかたよりがないようにならして、ふたをせずに中〜強火にかける。

3　沸騰してきたら、鍋底から米粒をはがすように玉じゃくしでゆっくり混ぜる。

鍋に菜箸を渡し、ふたをしてふつふつと波打つ程度の弱〜中火で30分煮込む。

4　さっとアクをすくい取り、塩で味をととのえる。鍋全体をゆっくり混ぜて火を止め、ふたをして5分蒸らす。

5　器に盛り、ねぎ、クコの実、ゆずこしょうをのせ、黒こしょうをふる。

巡りアップ！ 食べる風邪薬

まるっと茎ごと春菊粥

（材料） 茶碗2杯分

春菊 … 1本
米 … ½合（約75g）
水 … 700㎖
塩 … 少々
〈トッピング〉
　春菊の葉、みそ、白いりごま
　… 各適量

（作り方）

1　鍋に洗った米、水を入れる。かたよりがないようにならして、ふたをせずに中〜強火にかける。

2　この間に春菊は細かく刻む。トッピング用に葉を少し取り分けておく。

3　1が沸騰してきたら、鍋底から米粒をはがすように玉じゃくしでゆっくり混ぜる。鍋に菜箸を渡し、ふたをしてふつふつと波打つ程度の弱〜中火で30分煮込む。

4　塩で味をととのえる。鍋全体をゆっくり混ぜて火を止める。

5　おかゆの上に春菊を並べ、ふたをして5分蒸らす。春菊をおかゆに混ぜ込む。

6　器に盛り、春菊の葉、みそ、ごまをトッピングする。

ささやかハロウィン

塩かぼちゃ粥

10月

作り方

1. かぼちゃは1〜2cm角に切り、塩小さじ⅓（分量外）をまぶしておく。

2. 鍋によく洗った米、水を入れて、ふたをせずに中火にかける。

3. 沸騰してきたら、鍋底から米粒をはがすように玉じゃくしでゆっくり混ぜる。鍋に菜箸を渡し、ふたをしてふつふつと波打つ程度の弱〜中火で20分煮込む。

4. かぼちゃを加え、再び菜箸を渡してふたをし、弱火で10分煮る。

5. 塩で味をととのえる。鍋全体をゆっくり混ぜて火を止め、ふたをして5分蒸らす。

6. 器に盛り、パセリをのせる。

材料　茶碗2杯分

かぼちゃ … 100g
米 … ½合（約75g）
水 … 700ml
塩 … 少々
〈トッピング〉
｜パセリ … 適宜

きのこたちの旨味パーティー

白きのこ粥

（材料） 茶碗2杯分

きのこ（マッシュルーム、ブナピー、
　えのきだけなど）… 100〜150g
米 … ½合（約75g）
水 … 700㎖
塩 … 小さじ1
〈トッピング〉
｜ 白いりごま … 適量
＊きのこ類は好みのものでOK。

（作り方）

1 きのこは下ごしらえをする。
　マッシュルームは薄切りに、
　ブナピー、えのきだけは石づ
　きを取ってばらす。

2 鍋によく洗った米、水を入れ
　る。ふたをせずに中火にかけ、
　きのこを加える。

3 沸騰してきたら、鍋底から米粒をはがすよ
　うに玉じゃくしでゆっくり混ぜる。鍋に菜
　箸を渡し、ふたをしてふつふつと波打つ程
　度の弱〜中火で30分煮込む。

4 塩で味をととのえる。鍋全体をゆっくり混
　ぜて火を止め、ふたをして5分蒸らす。

5 器に盛り、ごまをふる。

疲れで泣きそうなときのヘルプごはん

豚の中華風粥（カリカリ梅のせ豚粥）

（材料） 茶碗2杯分

豚こま切れ肉 … 100〜150g
米 … ½合（約75g）
ごま油 … 小さじ1
水 … 750㎖
おろししょうが … 小さじ1
塩 … 小さじ½〜
〈トッピング〉
｜ 刻みカリカリ梅、青じそのせん切り、
｜ 白いりごま … 各適量

（作り方）

1 鍋に洗った米を入れ、ごま油を
　絡める。水を加えてかたよりがないよう
　にならして、ふたをせずに中〜強火にか
　ける。この間に豚肉は一口大に切って塩、
　こしょう各少々（分量外）をもみ込んで
　おく。

2 沸騰してきたら、鍋底から米粒をはがす
　ように玉じゃくしでゆっくり混ぜる。鍋
　に菜箸を渡し、ふたをしてふつふつと波
　打つ程度の弱〜中火で20分煮込む。

3 豚肉、しょうがを加え、再び菜
　箸を渡し、ふたをしてさらに
　10分煮る。

4 さっとアクをすくい取り、塩で
　味をととのえる。鍋全体をゆっ
　くり混ぜて火を止め、ふたをし
　て5分蒸らす。

5 器に盛り、カリカリ梅、しそを
　のせ、ごまをふる。

皮だけで具になる

ワンタン入り中華風たまご粥

11月

作り方

1 鍋に洗った米を入れ、ごま油を絡める。水を加え、かたよりがないようにならして、ふたをせずに中〜強火にかける。この間にワンタンの皮は半分に切る。

2 沸騰してきたら、鍋底から米粒をはがすように玉じゃくしでゆっくり混ぜる。鍋に菜箸を渡し、ふたをしてふつふつと波打つ程度の弱〜中火で30分煮込む。

3 塩で味をととのえる。鍋全体をゆっくり混ぜて一度火を強める。

4 卵を溶いてぐるっと回し入れ、10秒待ったらふわっとやさしく混ぜる。

5 ワンタンの皮をなるべく重ならないようにパラパラと加える。さっとかき混ぜたら火を止め、ふたをして5分蒸らす。

6 器に盛り、好みでねぎをのせ、ラー油、黒こしょうをふる。

材料　茶碗2杯分

ワンタンの皮 … 5枚
卵 … 1個
米 … ½合（約75g）
ごま油 … 小さじ1
水 … 850㎖
塩 … 小さじ1
〈トッピング〉
　長ねぎの小口切り、
　ラー油、黒こしょう
　… 各適宜

197

無心でいただく強制マインドフルタイム

ワタリガニ粥

作り方

1. ワタリガニはよく洗い、2等分にする。米は洗ってざるに上げる。鍋に水、ワタリガニ、酒を入れ、ふたをせずに中火にかける。沸いたらそのまま5分ほど煮る。

2. ワタリガニを取り出す。アクをていねいにすくい取り、米を加える。

3. 沸騰してきたら、鍋底から米粒をはがすように玉じゃくしでゆっくり混ぜる。鍋に菜箸を渡し、ふたをしてふつふつと波打つ程度の弱〜中火で30分煮込む。

4. さっとアクをすくい取り、塩で味をととのえる。鍋全体をゆっくり混ぜて火を止める。

5. ワタリガニを戻し入れ、ふたをして5分蒸らす。器に盛り、ねぎをのせる。

材料　茶碗2杯分

ワタリガニ
　…1パック（約100g）
米…½合（約75g）
水…900mℓ
酒…小さじ1
塩…小さじ1
〈トッピング〉
　長ねぎの小口切り
　…適量

一物全体いただきます

ミニ大根粥

材料 茶碗2杯分

大根 … 50g
米 … ½合（約75g）
水 … 700㎖
塩 … 小さじ⅓
ミニ大根（ゆでたもの） … 適量

作り方

1 鍋に洗った米、1cm角に切った大根、水を入れる。具材のかたよりがないようにならして、ふたをせずに中〜強火にかける。

2 沸騰してきたら、鍋底から米粒をはがすように玉じゃくしでゆっくり混ぜる。鍋に菜箸を渡し、ふたをしてふつふつと波打つ程度の弱〜中火で30分煮込む。

3 塩で味をととのえる。鍋全体をゆっくり混ぜて火を止め、ふたをして5分蒸らす。

4 器に盛り、ミニ大根をのせる。

11
月

ガレット風に洋でまとめて

そばの実クリチ粥

材料 茶碗2杯分

そばの実 … 大さじ2
クリームチーズ … 1個（16g）
米 … ½合（約75g）
水 … 750㎖
塩 … 小さじ½
セロリ、オリーブの実
　… 各適量

作り方

1 鍋によく洗った米、そばの実、水を入れ、ふたをせずに中火にかける。

2 沸騰してきたら、鍋底から米粒をはがすように玉じゃくしでゆっくり混ぜる。鍋に菜箸を渡し、ふたをしてふつふつと波打つ程度の弱〜中火で30分煮込む。

3 塩で味をととのえる。鍋全体をゆっくり混ぜて火を止め、ふたをして5分蒸らす。

4 器に盛り、小さく切ったクリームチーズ、セロリ、オリーブの実をのせる。

材料 茶碗2杯分

れんこん … 100〜150g
米 … ½合(約75g)
水 … 750㎖　ごま油 … 小さじ1
おろししょうが … 小さじ1
塩 … 小さじ1
〈トッピング〉
　白いりごま … 適量

作り方

1. 鍋によく洗った米、ごま油を入れて軽く混ぜる。水を加え、ふたをせずに中火にかける。

2. 沸騰してきたら、鍋底から米粒をはがすように玉じゃくしでゆっくり混ぜる。鍋に菜箸を渡し、ふたをしてふつふつと波打つ程度の弱〜中火で20分煮込む。

3. この間にれんこんの下ごしらえをする。れんこんは半分を3〜5mm厚さに切り、もう半分はすりおろす。

4. 2におろししょうが、れんこんを加え、再び菜箸を渡してふたをし、さらに弱火で10分煮る。

5. さっとアクをすくい取り、塩で味をととのえる。鍋全体をゆっくり混ぜて、火を止め、ふたをして5分蒸らす。

6. 器に盛り、ごまをふる。

材料 茶碗2杯分

牡蠣(加熱用) … 約100g
米 … ½合(約75g)
ごま油 … 小さじ1
水 … 700㎖
おろししょうが … 小さじ1
塩 … 小さじ1
〈トッピング〉
　長ねぎの小口切り、しょうがのせん切り、
　もみじおろし … 各適宜

作り方

1. 鍋によく洗った米、ごま油を入れ、全体を絡めるように混ぜる。水を加えて沸騰するまで中火にかける。この間に牡蠣の下ごしらえをする。牡蠣に塩、片栗粉各少々（分量外）をもみ込み、水で洗ってよく水気を拭く。

2. 沸騰してきたら、鍋底から米粒をはがすように玉じゃくしでゆっくり混ぜる。菜箸を渡し、ふたをして弱火で25分煮込む。

3. 牡蠣、しょうがを加え、再び菜箸を渡してふたをし、弱火で5分煮る。

4. さっとアクをすくい取り、塩で味をととのえる。全体を混ぜて火を止め、ふたをして5分蒸らす。

5. 器に盛り、好みでねぎ、しょうが、もみじおろしなどをトッピングする。

マッシュミルク粥
秋の養生カラー白でまとめて

（材料） 茶碗2杯分

マッシュルーム … 3〜4個
牛乳 … 300㎖
米 … ½合（約75g）
水 … 500㎖　塩 … 小さじ1
〈トッピング〉
｜黒こしょう、オリーブオイル … 各適宜

（作り方）

1 深さのある厚手の鍋に洗った米、水を入れ、ふたをせずに中火にかける。この間にマッシュルームは石づきを取り薄切りに、牛乳は冷蔵庫から出して計量し、常温に置く。

2 沸騰してきたら、鍋底から米粒をはがすように玉じゃくしでゆっくり混ぜる。菜箸を渡し、ふたをして弱火で20分煮込む。

3 マッシュルームと牛乳を加えてゆっくり混ぜ、一度中火にする。表面がふつふつしてきたら、再び菜箸を渡し、ふたをしてごく弱〜弱火で10分煮る。

4 さっと膜をすくい取り、塩で味をととのえる。ふたをして5分蒸らし、器に盛る。

5 好みで黒こしょうをふり、オリーブオイルをかける。

スパイスミルク粥
指先までぽかぽか温まる

（材料） 茶碗2杯分

牛乳 … 300㎖
米 … ½合（約75g）　　水 … 500㎖
好みのスパイス（しょうがのせん切り、
　　クローブ、カルダモンなど）
＊クローブ、カルダモンはホールを使用しています。
塩 … 適量
〈トッピング〉
｜シナモンシュガー、黒こしょう
｜… 各適宜

（作り方）

1 深さのある厚手の鍋に洗った米、水を入れ、ふたをせずに中火にかける。この間に牛乳は冷蔵庫から出して計量し、常温に置く。

2 沸騰してきたら、鍋底から米粒をはがすように玉じゃくしでゆっくり混ぜる。菜箸を渡し、ふたをして弱火で20分煮込む。

3 牛乳、しょうが、クローブ、カルダモンを加えてゆっくりと混ぜ、一度中火にする。表面がふつふつしてきたら、再び菜箸を渡し、ふたをしてごく弱〜弱火で10分煮る。

4 さっと膜をすくい取り、塩で味をととのえる。ふたをして5分蒸らし、器に盛る。

5 好みでシナモンシュガーをかけ、黒こしょうをふる。

11
月

ほっと安らぐ和のハーブ

みつば温玉粥

（ **材料** ） 茶碗2杯分

みつば … ½束
温泉卵 … 2個
米 … ½合（約75g）
水 … 700㎖
塩 … 小さじ⅓
だししょうゆ（またはめんつゆ）
　 … 適宜

（ **作り方** ）

1　鍋によく洗った米、水を入れる。かたよりがないようにならして、ふたをせずに中～強火にかける。

2　沸騰してきたら、鍋底から米粒をはがすように玉じゃくしでゆっくり混ぜる。鍋に菜箸を渡し、ふたをしてふつふつと波打つ程度の弱～中火で30分煮込む。

3　塩で味をととのえる。鍋全体をゆっくり混ぜて火を止め、ふたをして5分蒸らす。

4　みつばは葉と茎を分け、茎は小さく切り、茎をおかゆに混ぜ込み、器に盛る。

5　温泉卵、みつばの葉をのせ、好みでだししょうゆをかける。

湯豆腐的なやさしさ

枝豆豆腐粥

（ **材料** ） 茶碗2杯分

枝豆豆腐 … 小1丁（約150g）
米 … ½合（約75g）
水 … 750㎖
塩 … 小さじ⅓
〈トッピング〉
｜ 塩昆布 … 適量

（ **作り方** ）

1　鍋によく洗った米、水を入れる。かたよりがないようにならして、ふたをせずに中～強火にかける。この間に枝豆豆腐は冷蔵庫から出して常温に置く。

2　沸騰してきたら、鍋底から米粒をはがすように玉じゃくしでゆっくり混ぜる。鍋に菜箸を渡し、ふたをしてふつふつと波打つ程度の弱～中火で20分煮込む。

3　枝豆豆腐を手で崩しながら加え、再び菜箸を渡し、ふたをしてさらに10分煮る。

4　塩で味をととのえる。鍋全体をゆっくり混ぜて火を止め、ふたをして5分蒸らす。

5　器に盛り、塩昆布をのせる。

ピーナッツみそのせたまご粥

貧血予防にもうれしいちょい足し

11月

（材料） 茶碗1杯分

たまご粥 … 茶碗1杯分
＊作り方はP16参照
ピーナッツみそ … 適量
〈トッピング〉
｜ 白いりごま … 適宜

（作り方）

1 たまご粥を温め、器に盛る。

2 ピーナッツみそをのせ、好み
でごまをふる。

――― （COLUMN） ―――

冬に向けて秋食材を蓄える

秋の暮れはちょっぴり、もの悲しくなる季節。冷えにより代謝が下がり、日照時間が短くなるため気持ちが落ち込みやすい季節なのだそうです。わたしの場合、この時期に「秋食材」をしっかり摂ると、落ち込みがずいぶん和らぎます。芋、栗、かぼちゃ、豆などのほくほく系食材、良質な油分を摂れるナッツ。冬を乗り切るための身体づくりにぴったりなだけでなく、やさしく自然な甘みは気持ちもほっこり癒してくれます。食の知恵を取り入れて身体を満たすことを意識したら、やけ酒やドカ食いをして自分にがっかりすることも減りました。季節ごとの自分トリセツを持っていると、四季をたのしむゆとりが出てきます。

もち米粥

つきたてのお餅のような香り

材料 茶碗2杯分

もち米 … ½合（約75g）
水 … 600㎖
塩 … ひとつまみ
〈トッピング〉
　あんこ、きなこ、クコの実（水で
　もどしたもの）、塩昆布
　… 各適宜

作り方

1 鍋にさっと洗ったもち米、水を入れる。具材のかたよりがないように鍋底をならして、中〜強火にかける。

2 沸騰してきたら、鍋底から米粒をはがすように玉じゃくしでゆっくり混ぜる。鍋に菜箸を渡し、ふたをしてふつふつと波打つ程度の弱〜中火で30分煮込む。

3 塩で味をととのえる。鍋全体をゆっくり混ぜて火を止める。

4 器に盛り、好みであんこ、きなこ、クコの実、塩昆布をトッピングする。

11／15

11月

生米を炒めて作る本格派中華粥

たっぷり作って冷凍もおすすめ

材料 茶碗5〜6杯分

米 … 1合（約150g）
鶏ガラスープ（鶏ガラスープの素適量
　＋水）… 1500㎖
ごま油 … 大さじ1
おろししょうが … 小さじ1〜
おろしにんにく … 小さじ1〜
塩 … 適量
〈具材〉
　ホルモン（下処理し、ゆでたもの）
　… 適量
〈トッピング〉
　白髪ねぎ、クコの実（水でもどし
　たもの）、花椒 … 各適宜

作り方

1 米は洗ってざるに上げる。鶏ガラスープは温める。

2 深さのある鍋にごま油を熱し、米、おろししょうが、おろしにんにくを入れ、ふたをせずに中火で炒める。

3 米に透明感が出たら、あつあつの鶏ガラスープを注ぎ入れる。

4 ときどき混ぜながら、米が躍るくらいの火加減で1〜2時間煮込む（カサが減ったら熱湯をさす）。

5 米粒が開いて好みのとろみが出たら、塩で味をととのえる。ホルモンなどの具材を入れる。

6 器に盛り、好みで白髪ねぎ、クコの実、花椒をトッピングする。

芽かぶ粥

縁起物野菜で運気アップ

(材料) 茶碗2杯分

芽かぶ … 6〜10個
米 … ½合（約75g）
水 … 700㎖
塩 … 小さじ½
〈トッピング〉
｜ ゆずの皮 … 適宜

(作り方)

1 鍋によく洗った米、水を入れる。かたよりがないようにならして、ふたをせずに中〜強火にかける。

2 沸騰してきたら、鍋底から米粒をはがすように玉じゃくしでゆっくり混ぜる。鍋に菜箸を渡し、ふたをしてふつふつと波打つ程度の弱〜中火で20分煮込む。

3 よく洗った芽かぶを加え、再び菜箸を渡してふたをし、さらに10分煮る。

4 さっとアクをすくい取り、塩で味をととのえる。鍋全体をゆっくり混ぜて火を止め、ふたをして5分蒸らす。

5 器に盛り、好みでゆずの皮をのせる。

＊芽かぶは東京産の伝統野菜。直径1cmほどの小さなかぶです。

11
月

わさび菜粥

さっぱりキリッと身が引き締まる

(材料) 茶碗2杯分

わさび菜 … 1本
白粥 … 茶碗2杯分
＊作り方はP13参照
〈トッピング〉
｜ 粉山椒 … 適宜

(作り方)

1 わさび菜は小さくちぎる。

2 白粥を温める。わさび菜を加えて、おかゆに混ぜ込む。

3 器に盛り、好みで粉山椒をふる。

素朴さにほっとする
きび入り粥

材料 茶碗2杯分

もちきび … 大さじ1
米 … ½合（約75g）
水 … 700㎖
塩 … 小さじ⅓

作り方

1 鍋によく洗った米、もちきび、水を入れる。かたよりがないようにならして、ふたをせずに中〜強火にかける。

2 沸騰してきたら、鍋底から米粒をはがすように玉じゃくしでゆっくり混ぜる。

3 塩で味をととのえる。鍋全体をゆっくり混ぜて火を止め、ふたをして5分蒸らす。

4 器に盛り、好みの漬物などを添える。

＊きび入り粥には漬物、塩昆布、梅干しなどが合います。

ごちそう続きを朝にリセット
みそ添え茶粥

材料 茶碗2〜3杯分

ほうじ茶ティーバッグ … 1〜2個
米 … ½合（約75g）
水 … 1000㎖
塩 … 少々
好みのみそ … 小さじ½

作り方

1 深さのある鍋に水を入れて強火にかける。この間に米を洗い、ざるに上げる。

2 沸騰したら米、ティーバッグを加える。再び沸いたら、鍋底から米粒をはがすように玉じゃくしでゆっくり混ぜる。

3 ふたをせずに15分ほど中〜強火にかける。ぐるんぐるんと米を対流で躍らせながら煮込む。

POINT お茶の色が濃い目に出たらティーバッグを取り出す。

4 さっとアクをすくい取り、塩で味をととのえる。鍋全体をゆっくり混ぜて火を止め、5分蒸らす。

5 器に盛り、みそを添える。

COLUMN

みそは身近なデトックス食材！

みそのじわーっとやさしく身体の中に沁み入る心地に、うるっときたことはありませんか？ みそは微生物の力で作り出される発酵食品。腸内環境をととのえたり、余分な熱や水分を排出する働きがあるのだとか。たしかに、ほてり・むくみがあるときや、二日酔いの朝のおいしさはひとしおです。身体も喜んでいたのですね。

バターエリンギ粥

輪切りにすると帆立食感！？

11月

作り方

1. 鍋によく洗った米、水を入れる。かたよりがないようにならして、ふたをせずに中〜強火にかける。この間にエリンギは輪切りにする。

2. 沸騰してきたら、鍋底から米粒をはがすように玉じゃくしでゆっくり混ぜる。鍋に菜箸を渡し、ふたをしてふつふつと波打つ程度の弱〜中火で15分煮込む。

3. エリンギ、ローリエ、バターを加え、再び菜箸を渡してふたをし、さらに15分煮る。

4. ローリエを取り出し、塩で味をととのえる。鍋全体をゆっくり混ぜて火を止め、ふたをして5分蒸らす。

5. 器に盛り、フェンネル、黒こしょうをトッピングする。

＊好みで岩塩やしょうゆをかけて召し上がれ！

材料　茶碗2杯分

エリンギ … ½パック
バター… 1かけ（10g）
米 … ½合（約75g）
水 … 700mℓ
ローリエ … 1枚
塩 … 小さじ½
〈トッピング〉
　フェンネル、黒こしょう
　　… 各適量

材料 茶碗2杯分

安納芋 … 1個
米 … ½合（約75g）
水 … 700㎖
塩 … 小さじ½
〈トッピング〉
｜ 黒いりごま … 少々

作り方

1 鍋によく洗った米、水を入れる。かたよりがないようにならして、ふたをせずに中〜強火にかける。この間に安納芋は1㎝角に切り、水にさらしておく。

2 沸騰してきたら、鍋底から米粒をはがすように玉じゃくしでゆっくり混ぜる。鍋に菜箸を渡し、ふたをしてふつふつと波打つ程度の弱〜中火で20分煮込む。

3 水気をきった安納芋を加え、再び菜箸を渡し、ふたをしてさらに10分煮る。

4 さっとアクをすくい取り、塩で味をととのえる。鍋全体をゆっくり混ぜて火を止め、ふたをして5分蒸らす。

5 器に盛り、ごまをふる。

材料 茶碗2杯分

黒いりごま … 小さじ2
かぼちゃ … 100g
米 … ½合（約75g）
水 … 750㎖
塩 … 小さじ⅓
砂糖、しょうゆ … 各適宜

作り方

1 鍋に洗った米、ごま、水を入れる。かたよりがないようにならして、ふたをせずに中〜強火にかける。この間にかぼちゃはワタを取り、皮つきのまま1〜2㎝角に切る。

2 沸騰してきたら、鍋底から米粒をはがすように玉じゃくしでゆっくり混ぜる。鍋に菜箸を渡し、ふたをしてふつふつと波打つ程度の弱〜中火で20分煮込む。

3 かぼちゃを加え、再び菜箸を渡し、ふたをしてさらに10分煮る。

4 さっとアクをすくい取り、塩で味をととのえる。鍋全体をゆっくり混ぜて火を止め、ふたをして5分蒸らす。

5 器に盛り、好みで砂糖（またはしょうゆ）を加えて味をつける。

材料　作りやすい分量

バターナッツかぼちゃ…1個（約800g）
にんにく…2片
玉ねぎ…¼個
バター…1かけ（10g）
水…適量
ローリエ…1枚（あれば）
豆乳（または牛乳・生クリーム）…適量
塩…適量
白粥…適量 ＊作り方はP13参照
〈トッピング〉
　クルトン、黒こしょう…各適量

作り方

1　かぼちゃはワタを取り、皮を切り落とす。火が通りやすいように一口大に切る。にんにくは皮をむき薄切りに、玉ねぎはざく切りにする。

2　鍋にバターを溶かし、にんにくと玉ねぎを炒める。にんにくの香りが立ち玉ねぎが透き通ってきたら、かぼちゃを加えてさっと炒める。

3　かぼちゃが浸るくらいの水を加え、ローリエを入れる。具材がやわらかくなるまで10〜20分ほど中火で煮込み、火を止める。

4　粗熱を取ってローリエを取り出す。ヘラでつぶすか、ミキサー、ハンドブレンダーなどで撹拌し、つぶす。

5　再び火にかけて豆乳（または牛乳・生クリーム）を加え、塩で味をととのえる。

6　温めた白粥を入れた器に5をかけ、クルトンを散らし、黒こしょうをふる。

材料　茶碗2杯分

ダシダ（粉末韓国牛だしの素）…小さじ2
米…½合（約75g）
水…750㎖
塩…適量
ごま油…適量
〈トッピング〉
　長ねぎのみじん切り、クコの実（水でもどしたもの）、白いりごま、黒こしょう…各適量

作り方

1　鍋に洗った米、ダシダ、水を入れる。かたよりがないようにならして、ふたをせずに中〜強火にかける。

2　沸騰してきたら、鍋底から米粒をはがすように玉じゃくしでゆっくり混ぜる。鍋に菜箸を渡し、ふたをしてふつふつと波打つ程度の弱〜中火で30分煮込む。

3　さっとアクをすくい取り、塩で味をととのえる。鍋全体をゆっくり混ぜて火を止め、ふたをして5分蒸らす。

4　器に盛りつけてごま油をたらし、ねぎ、クコの実、ごま、黒こしょうをトッピングする。

帆立の塩あんかけ粥

ずーっとあつあつ

作り方

1. 耐熱容器に帆立としょうがを入れる。帆立缶の缶汁と水を合わせて150〜200㎖にし、加える。別の器に片栗粉、少量の水を入れ、水溶き片栗粉にしてよく混ぜておく。

2. 帆立を入れた耐熱容器にラップをして、600Wの電子レンジで2分加熱する。

3. 水溶き片栗粉を混ぜながら 2 に加え、ラップをして電子レンジでさらに1分加熱して、塩、こしょうで味をととのえる。

4. 白粥を温める。

5. 器に盛り、3 の帆立の塩あんかけをかけ、白髪ねぎ、ゆずをのせ、黒こしょうをふる。

材料　茶碗2杯分

帆立水煮缶（フレーク）
… 1缶（65g）
おろししょうが
… 小さじ1
片栗粉 … 小さじ1
水 … 適量
塩 … 小さじ½
こしょう … 適量

白粥 … 茶碗2杯分
＊作り方はP13参照
〈トッピング〉
白髪ねぎ、ゆずの皮のせん切り、黒こしょう
… 各適量

COLUMN

あんかけの魔法

とろとろのおかゆに、とろとろのあんかけ！ 高級料亭のおかゆでも提供されている、王道の組み合わせです。あんかけの一番の魅力は、あんかけがおかゆの「ふた」になって、あつあつが閉じ込められること！ はふはふ、ふーふー。最後の一口までおいしく味わえる魔法のちょい足しです。普段のとろみづけは片栗粉でもじゅうぶんですが、風邪の気配を感じたらぜひ「本葛粉」で。

風邪予防に旬の実りを

柿クリチ粥

（材料）　茶碗2杯分

柿 … 1個
米 … ½合（約75g）
水 … 750mℓ
塩 … 少々
〈トッピング〉
　クリームチーズ、黒こしょう
　　… 各適量
　砂糖（またははちみつ）… 適宜

（作り方）

1　鍋に洗った米、水を入れる。かたよりがないようにならして、ふたをせずに中〜強火にかける。この間に柿は皮をむき、一口大に切っておく。

2　沸騰してきたら、鍋底から米粒をはがすように玉じゃくしでゆっくり混ぜる。鍋に菜箸を渡し、ふたをしてふつふつと波打つ程度の弱〜中火で20分煮込む。

3　柿を鍋に加え、再び菜箸を渡し、ふたをしてさらに10分煮る。

4　さっとアクをすくい取り、塩で味をととのえる。鍋全体をゆっくり混ぜて火を止め、ふたをして5分蒸らす。

5　器に盛り、小さく切ったクリームチーズをのせ、黒こしょうをふる。好みで砂糖かはちみつで味をつける。

冬の身体に衣替え

むかごバター粥

（材料）　茶碗2杯分

むかご … 70g
バター … 2かけ（20g）
米 … ½合（約75g）
水 … 750mℓ
塩 … 小さじ½
〈トッピング〉
　ハーブ（ローズマリー）、
　黒こしょう … 各適量
　ハーブソルト … 適宜

（作り方）

1　むかごは流水でよく洗う。

2　鍋に洗った米、水気をきったむかご、水を入れる。具材のかたよりがないようにならして、ふたをせずに中〜強火にかける。

3　沸騰してきたら、鍋底から米粒をはがすように玉じゃくしでゆっくり混ぜる。鍋に菜箸を渡し、ふたをしてふつふつと波打つ程度の弱〜中火で30分煮込む。

4　さっとアクをすくい取り、塩で味をととのえる。鍋全体をゆっくり混ぜて火を止め、ふたをして5分蒸らす。

5　器に盛りつけてバターをのせ、ハーブ、黒こしょうをトッピングする。好みでハーブソルトをふる。

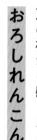

声の枯れを感じたら

おろしれんこん粥

（材料）茶碗2杯分

れんこん … 50〜100g
しょうが … 1かけ
米 … ½合（約75g）
ごま油 … 小さじ1
水 … 750㎖
塩 … 小さじ1
〈トッピング〉
| 小ねぎの小口切り … 適宜

（作り方）

1 鍋によく洗った米、ごま油を入れて軽く混ぜる。水を加え、ふたをせずに中火にかける。

2 沸騰してきたら、鍋底から米粒をはがすように玉じゃくしでゆっくり混ぜる。鍋に菜箸を渡し、ふたをしてふつふつと波打つ程度の弱〜中火で20分煮込む。

3 れんこん、しょうがはすりおろし、鍋に加える。再び菜箸を渡し、ふたをしてさらに弱火で10分煮る。

4 さっとアクをすくい取り、塩で味をととのえる。鍋全体をゆっくり混ぜて火を止め、ふたをして5分蒸らす。

5 器に盛り、好みで小ねぎを散らす。

11/29

風邪の引き始めにたっぷりビタミン

カルボ風ケール粥

（材料）茶碗2杯分

カーリーケール … ¼〜1枚
白粥 … 茶碗2杯分
＊作り方はP13参照
卵黄 … 2個分
〈トッピング〉
| 粉チーズ、黒こしょう
| … 各適量

（作り方）

1 ケールは流水で洗い、やわらかい葉の部分を細かく刻む。

2 白粥を温め、ケールを混ぜ込む。

3 器に盛り、卵黄をのせ、粉チーズ、黒こしょうをふる。

韓国の滋養たっぷり料理を日常版で

参鶏湯風粥
（サムゲタン）

作り方

1. 鶏肉は食べやすい大きさに切り、塩少々（分量外）をもみ込む。しょうが、にんにくは薄切りにする。

2. 鍋に洗った米、鶏肉、しょうが、にんにく、長ねぎ、水を加える。具材のかたよりがないようにならして、ふたをせずに中〜強火にかける。

3. 沸騰してきたら、鍋底から米粒をはがすように玉じゃくしでゆっくり混ぜる。なつめ、クコの実、松の実を加える。鍋に菜箸を渡し、ふたをしてふつふつと波打つ程度の弱〜中火で30分煮込む。

4. さっとアクをすくい取り、塩で味をととのえる。鍋全体をゆっくり混ぜて火を止め、ふたをして5分蒸らす。

5. 器に盛り、好みで糸唐辛子をのせる。

材料　茶碗2杯分

鶏もも肉 … 150g
しょうが … 1かけ
にんにく … 1片
米 … ½合（約75g）
長ねぎ（青い部分）… 1本分
水 … 800㎖
乾燥なつめ（またはレーズン）、
　クコの実、松の実 … 各適量
塩 … 小さじ½〜
〈トッピング〉
｜糸唐辛子 … 適宜

魔除けの赤で邪気払い

あんバター小豆粥

材料 茶碗1杯分

小豆粥 … 茶碗1杯分
＊作り方はP26参照
あんこ … 大さじ1
バター … 1かけ（10g）

作り方

1 小豆粥をあつあつに温める。

2 器に盛り、あんことバターを
　のせる。

COLUMN

ひとかけのバターで疲労回復

おかゆに取り入れやすいトッピング、バター。おかゆの熱で溶けて絡んで、なんとも贅沢なひとときです。実はバターは身体のバテを感じたときにおすすめの食材。バターの黄色は、免疫を高め肌や粘膜のケアをしてくれるビタミンAの色なのだとか。さらに、気を補う働きがあるため疲労回復やストレスを和らげる効果も期待できるというから驚きです！ また、子ども用のトッピングにも大活躍。バターには苦味のマスキング効果があるため、七草粥や葉物系などに合わせると◎。ほうれん草のバターソテーのようなおいしさが生まれて、ぐっと食べやすくなりますよ。

さきいか粥

買い物忘れてもおつまみならある

（材料）　茶碗2杯分

さきいか … 20g
米 … ½合（約75g）
水 … 750㎖
塩 … 小さじ½
〈トッピング〉
　梅干し、かいわれ大根、
　　白いりごま、とろろ昆布
　　… 各適宜

（作り方）

1. 鍋によく洗った米、さきいか、水を入れ、ふたをせずに中火にかける。

2. 沸騰してきたら、鍋底から米粒をはがすように玉じゃくしでゆっくり混ぜる。鍋に菜箸を渡し、ふたをして弱火で30分煮込む。

3. 塩で味をととのえ、鍋全体をゆっくり混ぜ火を止め、ふたをして5分蒸らす。

4. 器に盛り、好みで梅干し、かいわれ、ごま、とろろ昆布などをのせる。

12月

長芋粥

滋養たっぷり！ほくシャキねばねば

（材料）　茶碗2杯分

長芋 … 1本
米 … ½合（約75g）
ごま油 … 小さじ1
水 … 750㎖
塩 … 小さじ1
しょうゆ … 適宜

（作り方）

1. 鍋によく洗った米、ごま油を入れて絡める。水を加え、ふたをせずに中火にかける。

2. 沸騰してきたら、鍋底から米粒をはがすように玉じゃくしでゆっくり混ぜる。鍋に菜箸を渡し、ふたをして弱火で20分煮込む。この間に長芋は3等分してそれぞれ皮つきの5㎜幅の輪切り、皮をむいた角切り、すりおろしにする。

3. 鍋にすりおろした長芋を加え、再び菜箸を渡し、ふたをして、さらに弱火で10分煮る。

4. アクをさっとすくい取り、塩で味をととのえる。全体を混ぜて火を止め、ふたをして5分蒸らす。

5. 器に盛り、輪切りと角切りの長芋をのせる。好みでしょうゆをかける。

みんなをおかゆ好きにしちゃう魔法

パイ包みミルク粥

材料 1人分

ミルク粥 … 茶碗1杯分
＊作り方はP15参照

パイシート（市販品）… 適量

＊パイの上に粉チーズをかけるのもおすすめです。
＊パイの中のミルク粥は甘くしたり、塩を少なめに
してドライフルーツなどを入れるのもよいです。

作り方

1 耐熱の器にミルク粥を盛り、覆
うようにパイシートをかける。

2 200℃に予熱したオーブンで約
20分、焦げ目がつくまで焼く。

(COLUMN)

おかゆは世界料理

おかゆはアジアだけの料理ではありません。ヨーロッパ・北欧のミルク粥、英米の麦粥（オートミール粥）、東欧のそば粥……鍋で穀物を煮たらそれは粥なわけで、米ではない穀物を使ったもの、甘いものからしょっぱいものまで、それはそれは多種多様です。おかゆを「包む」料理もあります。カレリアパイはフィンランドの郷土料理。ミルク粥をライ麦入りの生地で、餃子にも似た葉っぱの形に包んで、オーブンで焼いたものです。おかゆを何かで包むことも、焼くことも、手で持てる1個2個と数えられる料理になることも、おもしろいですよね！ まだまだ知らないおかゆの魅力が、世界中にありそうです。

中華風白菜粥

冬の養生三宝、積極的に

（**材料**）茶碗2杯分

白菜 … 100g
米 … ½合（約75g）
ごま油 … 小さじ1
水 … 800ml
塩 … 小さじ½
〈トッピング〉
　クコの実（水でもどしたもの）、
　黒こしょう … 各適量

（**作り方**）

1　鍋に洗った米を入れ、ごま油を絡める。水を加え、ふたをせずに中〜強火にかける。

2　沸騰してきたら、鍋底から米粒をはがすように玉じゃくしでゆっくり混ぜる。鍋に菜箸を渡し、ふたをしてふつふつと波打つ程度の弱〜中火で20分煮込む。

3　一口大に切った白菜を加え、再び菜箸を渡してふたをし、さらに10分煮る。

4　さっとアクをすくい取り、塩で味をととのえる。鍋全体をゆっくり混ぜて火を止め、ふたをして5分蒸らす。

5　器に盛り、クコの実を飾り、黒こしょうをふる。

みたらし粥

まるでとろとろのみたらしだんご

（**材料**）茶碗2杯分

〈みたらしあん〉
　しょうゆ … 大さじ2
　砂糖 … 大さじ2
　みりん … 大さじ1
　片栗粉 … 大さじ1
　水 … 100ml
米 … ½合（約75g）
水 … 650ml
塩 … 小さじ⅓

（**作り方**）

1　鍋によく洗った米、水を入れ、ふつふつと沸くまでふたをせずに中〜強火にかける。

2　沸騰してきたら、鍋底から米粒をはがすように玉じゃくしでゆっくり混ぜる。鍋に菜箸を渡し、ふたをしてふつふつと波打つ程度の弱〜中火で30分煮込む。

3　塩で味をととのえる。鍋全体をゆっくり混ぜて火を止め、ふたをして5分蒸らす。

4　みたらしあんを作る。鍋にしょうゆ、砂糖、みりん、片栗粉、水を入れてよく混ぜる。

5　常にかき混ぜながら、弱〜中火にかけ、つるんと透明になるまで煮る。

6　3を器に盛り、5のたれをかける。

とろろかけたまご粥

口内炎の痛みがある日も、これなら

| 材料 | 茶碗2杯分 |

たまご粥 … 茶碗2杯分
＊作り方はP16参照
〈とろろ〉
　山芋、白だし（または
　　めんつゆ）… 適量
　卵黄 … 1個分
〈トッピング〉
　長芋の輪切り、青のり、
　　しょうゆ … 各適量

| 作り方 |

1 とろろを作る。山芋は皮
をむき、すりおろす。卵
黄を混ぜ込み白だしやめ
んつゆで味をととのえる。

2 たまご粥を温め、器に盛り、とろろ
をかける。長芋と青のりをのせ、し
ょうゆを加える。

＊新鮮な山芋は、丸ごと食べてもOK！
　芋本来の風味を味わうことができます。

クコとなつめのおかゆ

東洋美のスーパーフード

| 材料 | 茶碗2杯分 |

クコの実 … 大さじ1
乾燥なつめ … 2〜3個
米 … ½合（約75g）
水 … 700ml
塩 … 小さじ⅓

| 作り方 |

1 鍋によく洗った米、クコ
の実、輪切りにしたなつ
め、水を入れる。具材の
かたよりがないように な
らして、ふたをせずに中
〜強火にかける。

POINT なつめを切るとき
は、包丁を軽く熱してから切ると包丁
にくっつかず取り扱いやすい。種抜き
なつめならキッチンバサミでカットを。

2 沸騰してきたら、鍋底から米粒をはがすよう
に玉じゃくしでゆっくり混ぜる。鍋に菜箸を
渡し、ふたをしてふつふつと波打つ程度の弱
〜中火で30分煮込む。

3 さっとアクをすくい取り、
塩で味をととのえる。鍋全
体をゆっくり混ぜて火を止
め、ふたをして5分蒸らし、
器に盛る。

冬に貴重なビタミンを補給

大根葉粥

材料 茶碗2杯分

大根の葉 … 40g
米 … ½合(約75g)
水 … 700㎖
塩 … 小さじ⅓
〈トッピング〉
　白いりごま、粉山椒、塩
　… 各適宜

作り方

1 鍋に洗った米、水を入れる。かたよりがないようにならして、ふたをせずに中〜強火にかける。この間に大根の葉を細かく切る。

2 沸騰してきたら、鍋底から米粒をはがすように玉じゃくしでゆっくり混ぜる。鍋に菜箸を渡し、ふたをしてふつふつと波打つ程度の弱〜中火で20分煮込む。

3 大根の葉を加え、再び菜箸を渡し、ふたをしてさらに10分煮る。

4 さっとアクをすくい取り、塩で味をととのえる。鍋全体をゆっくり混ぜて火を止め、ふたをして5分蒸らす。

5 器に盛り、好みでごま、塩、山椒をふる。

12月

びっくりコク旨

豆豉粥（トウチ）

材料 茶碗2杯分

豆豉 … 小さじ2
米 … ½合(約75g)
ごま油 … 小さじ1
水 … 750㎖
塩 … 小さじ½
〈トッピング〉
　刻みしょうが、小ねぎの小口切り、クコの実（水でもどしたもの）… 各適宜

作り方

1 鍋によく洗った米、豆豉を入れ、ごま油を絡める。水を加え、ふたをせずに中〜強火にかける。

2 沸騰してきたら、鍋底から米粒をはがすように玉じゃくしでゆっくり混ぜる。鍋に菜箸を渡し、ふたをしてふつふつと波打つ程度の弱〜中火で30分煮込む。

3 塩で味をととのえる。鍋全体をゆっくり混ぜて火を止め、ふたをして5分蒸らす。

4 器に盛り、好みでしょうが、小ねぎ、クコの実をトッピングする。

食べる湯たんぽ

酒粕粥

材料 茶碗2杯分

酒粕 … 40g
米 … ½合（約75g）
水 … 700㎖
塩 … 小さじ½
〈トッピング〉
| 黒いりごま … 少々

作り方

1 酒粕は小さい器に入れ、少量の湯（分量外）を注いでやわらかくする。

2 鍋によく洗った米、水を入れる。かたよりがないようにならして、ふたをせずに中〜強火にかける。

3 沸騰してきたら、鍋底から米粒をはがすように玉じゃくしでゆっくり混ぜる。鍋に菜箸を渡し、ふたをしてふつふつと波打つ程度の弱〜中火で30分煮込む。

4 クリーム状にした酒粕をおかゆに混ぜ込む。

5 塩で味をととのえる。鍋全体をゆっくり混ぜて火を止め、ふたをして5分蒸らす。

6 器に盛り、ごまをふる。

＊塩昆布、みそ、梅干しなど好みのものと一緒に。

暖房のほてりをシャキッとリセット

青じそピーマン粥

材料 茶碗2杯分

ピーマン … 1個
青じそ … 2枚
白粥 … 茶碗2杯分
＊作り方はP13参照
〈トッピング〉
| 白いりごま、塩昆布
| … 各適宜

作り方

1 ピーマンのへたと種を取り、5㎜〜1㎝角に刻む。青じそはちぎる。

2 白粥をあつあつに温め、ピーマン、青じそを混ぜ込む。

3 器に盛り、好みでごまをふり、塩昆布を添える。

広めたい！隠れおかゆ向き食材

コールラビ粥

作り方

1. コールラビはツノと根元を切り落とし、皮をむいて1〜2cm角に切る。

2. 鍋に米、コールラビ、ローリエ、水を入れる。具材のかたよりがないようにならして、ふたをせずに中〜強火にかける。

3. 沸騰してきたら、鍋底から米粒をはがすように玉じゃくしでゆっくり混ぜる。鍋に菜箸を渡し、ふたをしてふつふつと波打つ程度の弱〜中火で30分煮込む。

4. ローリエを取り出し、塩で味をととのえる。鍋全体をゆっくり混ぜて火を止め、ふたをして5分蒸らす。

5. 器に盛り、好みで黒こしょう、ハーブソルトをふり、フェンネルを飾る。

材料 茶碗2杯分

コールラビ … 小1個
米 … ½合（約75g）
ローリエ … 1枚
水 … 700㎖
塩 … 小さじ½
〈トッピング〉
　黒こしょう、ハーブソルト、
　　フェンネル … 各適宜

＊コールラビはドイツ語で、「kohl コール（キャベツ）＋ Rübe リューベ（かぶ）」という語源。煮込み料理にぴったりの甘みのある食材です。生ハムや粉チーズなどのトッピングもお試しください。

ツーンと寒い朝に

ぐつぐつ干しエビ粥

（材料）　茶碗2杯分

干しえび … 10g
米 … ½合（約75g）
水 … 約750mℓ
塩 … 小さじ½
〈トッピング〉
｜しょうがのせん切り … 適量

（作り方）

1　干しえびを水（分量外）に浸し、30分以上置く。

2　鍋に洗った米、1の干しえび、水を入れる。このとき干しえびをもどした水と合わせて水が750mℓになるように調節する。具材のかたよりがないようにならして、ふたをせずに中〜強火にかける。

3　沸騰してきたら、鍋底から米粒をはがすように玉じゃくしでゆっくり混ぜる。鍋に菜箸を渡し、ふたをしてふつふつと波打つ程度の弱〜中火で30分煮込む。

4　塩で味をととのえる。鍋全体をゆっくり混ぜて火を止め、ふたをして5分蒸らす。よく温めた器（できれば韓国のトッペギ）に盛り、しょうがをのせる。

香りに癒され、甘みにほぐされ

ゆり根粥

（材料）　茶碗2杯分

ゆり根 … ½〜1個
米 … ½合（約75g）
水 … 700mℓ
塩 … 小さじ⅓

（作り方）

1　ゆり根はおがくずを洗って落とし、1枚ずつにばらす。変色している部分は取り除き、しっかりと土を落とす。

2　鍋によく洗った米、ゆり根、水を入れる。具材のかたよりがないようにならして、ふたをせずに中〜強火にかける。

3　沸騰してきたら、鍋底から米粒をはがすように玉じゃくしでゆっくり混ぜる。鍋に菜箸を渡し、ふたをしてふつふつと波打つ程度の弱〜中火で30分煮込む。

（POINT）　3の鍋の中のゆり根はシャキほく食感の頃合に。トッピング用に少し取り分け、流水で熱をとり、ざるに上げておく。

4　さっとアクをすくい取り、塩で味をととのえる。鍋全体をゆっくり混ぜて火を止め、ふたをして5分蒸らし、器に盛る。取り分けておいたゆり根をのせる。

茶粥

忘年会の翌朝はさらっと

（材料）　茶碗2〜3杯分

ほうじ茶ティーバッグ
　…1〜2個
米…½合（約75g）
水…1000㎖
塩…小さじ⅓
〈トッピング〉
｜漬物、金山寺みそ…各適宜

（作り方）

1. 深さのある鍋に水を入れて強火にかける。この間に米を洗う。

2. 沸騰したら米、ティーバッグを加える。再び沸いたら、鍋底から米粒をはがすように玉じゃくしでゆっくり混ぜる。

3. ふたをせずに15分ほど中〜強火にかける。ぐるんぐるんと米を対流で躍らせながら煮込む。

 POINT　お茶の色が濃い目に出たらティーバッグを取り出す。

4. さっとアクをすくい取り、塩で味をととのえる。鍋全体をゆっくり混ぜて火を止め、5分蒸らす。

5. 器に盛り、好みで漬物や金山寺みそなどを添える。

12月

（材料）　茶碗2杯分

十穀米…½合（約75g）
水…700㎖
塩…小さじ⅓
〈トッピング〉
｜みそ、七味唐辛子…各適量

（作り方）

1. 鍋に軽く洗った十穀米、水を入れる。かたよりがないようにならして、ふたをせずに中〜強火にかける。

2. 沸騰してきたら、鍋底から米粒をはがすように玉じゃくしでゆっくり混ぜる。鍋に菜箸を渡し、ふたをしてふつふつと波打つ程度の弱〜中火で30分煮込む。

3. さっとアクをすくい取り、塩で味をととのえる。鍋全体をゆっくり混ぜて火を止め、ふたをして5分蒸らす。

4. 器に盛り、みそをのせ、七味唐辛子をふる。

十穀粥

ブレンド米で穀物を手軽に

昆布だし汁のタラ粥

おかゆで蒸し煮になる感じ！♡

材料 茶碗2杯分

タラの切り身 … 100〜150g
昆布だし汁（昆布5cm角＋水）… 750ml
米 … ½合（約75g）
塩 … 小さじ½
〈トッピング〉
｜みつば、粉山椒 … 各適量

作り方

1 昆布だし汁を作る。昆布はさっとすすぎ、たっぷりの水に浸す。最低3時間、できれば一晩浸ける。昆布は取り出す。

2 鍋に洗った米、昆布だし汁を入れる。かたよりがないようにならして、ふたをせずに中〜強火にかける。

3 この間にタラの下ごしらえをする。タラは3等分に切り、くさみとぬめりを取るために、塩少々（分量外）をもみ込む。

4 沸騰してきたら、鍋底から米粒をはがすように玉じゃくしでゆっくり混ぜる。鍋に菜箸を渡し、ふたをしてふつふつと波打つ程度の弱〜中火で30分煮込む。

5 さっとアクをすくい取る。全体をゆっくり混ぜ、おかゆ全体の水分を均一にする。水気を拭き取ったタラを加え、3分ほど煮る。

6 塩で味をととのえる。鍋全体をゆっくり混ぜて火を止め、ふたをして5分蒸らす。

7 器に盛り、みつばを飾り、山椒をふる。

鶏肉とぎんなんのおかゆ

肺にうれしい黄金の実をちょい足し

材料 茶碗2杯分

鶏もも肉 … 100g　　水 … 750ml
ぎんなん　　　　　　塩 … 小さじ½
　… 10〜15個　　〈トッピング〉
米 … ½合（約75g）　｜春菊 … 適量

作り方

1 鶏肉を一口大に切り、塩、こしょう各少々（分量外）をもみ込む。

2 鍋に洗った米、鶏肉、殻を割って薄皮をむいたぎんなんを入れ、水を加えて具材のかたよりがないようにならし、ふたをせずに中〜強火にかける。

3 沸騰してきたら、鍋底から米粒をはがすように玉じゃくしでゆっくり混ぜる。鍋に菜箸を渡し、ふたをしてふつふつと波打つ程度の弱〜中火で30分煮込む。

4 さっとアクをすくい取り、塩で味をととのえる。鍋全体をゆっくり混ぜて火を止め、ふたをして5分蒸らす。

5 器に盛り、春菊をのせる。

中華風豆もやし粥

手を抜きがちな師走こそ自分の食事に手間かけて

12月

作り方

1 鶏だし汁を作る。鍋に鶏ガラ、水を入れて中火で1時間ほど煮込む。さっとアクをすくい取り、ざるでこす。

2 米は洗ってざるに上げ、水気をきる。

3 鍋にごま油を入れ、しょうが、米を加えて、ふたをせずに中火で炒める。

4 米に油がなじんだら、**1** の鶏だし汁1200㎖を加えて中火にかける。

5 沸騰してきたらふたをせずに、弱火にして30分煮込む。

POINT 鍋の中で、ごく弱めに米が躍るくらいの火加減を維持する。コンロや鍋によって差があるが「強めの弱火」が目安。

6 もやしを加え、弱火で10分煮て、塩で味をととのえる。

7 器に盛り、好みでクコの実をのせ、黒こしょうをふる。

材料　茶碗2杯分

豆もやし … ½袋
〈鶏だし汁〉
  鶏ガラ … 1羽分
  水 … 約1200～1500㎖
米 … ½合（約75g）
ごま油 … 大さじ1
おろししょうが … 大さじ1
塩 … 小さじ½～
〈トッピング〉
  クコの実（水でもどしたもの）、
  黒こしょう … 各適宜

＊鶏だし汁の代わりに、顆粒鶏ガラスープの素大さじ1＋水1200㎖でもOK!
＊鶏だし汁が多めに取れた場合は、適量の水でのばし、塩を入れて「鶏スープ」としていただくと◎

韓国の冬至粥を簡単バージョンで

韓国風小豆粥（パッチュク）

材料 茶碗2杯分

ゆで小豆 … 100g
ごはん … 100g
水 … 300㎖
塩 … 少々
白玉（または餅など）… 適宜

作り方

1. ゆで小豆、ごはん、水を
ハンドブレンダーやミキ
サーなどで攪拌してペー
スト状にする。

2. 鍋に移し、ふたをせずに、とろみが
つくまで煮て、塩で味をととのえる。

3. 好みで白玉などを加えて器に盛る。

一陽来復を願う冬至粥

かぼちゃと小豆のいとこ粥

12月

材料 茶碗2杯分

かぼちゃ … 100g
小豆の水煮または
　ゆで小豆（無糖）… 50g
米 … ½合（約75g）
水 … 700㎖
砂糖 … 小さじ1〜
塩 … 小さじ½
しょうゆ … 小さじ½
〈トッピング〉
｜ゆずの皮のせん切り … 適量

作り方

1. 鍋によく洗った米、水を
入れる。かたよりがない
ようにならして、ふたを
せずに中〜強火にかける。
この間にかぼちゃは角切り
にする。

2. 沸騰してきたら、鍋底から
米粒をはがすように玉じゃ
くしでゆっくり混ぜる。鍋
に菜箸を渡し、ふたをして
ふつふつと波打つ程度の弱
〜中火で20分煮込む。

3. かぼちゃ、小豆を加え、再び菜箸を渡してふ
たをし、さらに10分煮る。

4. さっとアクをすくい取り、砂糖、塩、しょ
うゆで味をととのえる。味をみて、甘味が足り
なければ砂糖少々（分量外）を加える。

5. 鍋全体をゆっくり混ぜて火を止め、ふたをして5分蒸らす。

6. 器に盛り、ゆずを飾る。

＊無糖のゆで小豆を使います。「小豆の水煮」「無糖ゆで小豆」などと表記の
あるものを。かぼちゃの甘みが際立つおかゆに仕上がります。

疲労回復に期待！ゴマ並みに素朴な

けしの実粥（ポピーシード粥）

材料　茶碗2杯分

けしの実 … 小さじ1
米 … ½合（約75g）
水 … 750ml
塩 … 小さじ⅓
〈トッピング〉
　けしの実、レーズン、くるみ
　… 各適量

作り方

1 鍋に洗った米、けしの実、水を入れる。かたよりがないようにならして、ふたをせずに中〜強火にかける。

2 沸騰してきたら、鍋底から米粒をはがすように玉じゃくしでゆっくり混ぜる。鍋に菜箸を渡し、ふたをしてふつふつと波打つ程度の弱〜中火で30分煮込む。

3 さっとアクをすくい取り、塩で味をととのえる。鍋全体をゆっくり混ぜて火を止め、ふたをして5分蒸らす。

4 器に盛り、けしの実、レーズン、くるみをトッピングする。

ナッツやドライフルーツたっぷりの伝統料理

ウクライナのクリスマス粥（クチャ・クティア（Kutia））

材料　前菜として4人分

米 … 50g
もち麦 … 50g
水 … 約500ml
レーズン … 30g
干しあんず … 30g
けしの実（または白いりごま）… 20g
くるみ … 30g
はちみつ … 大さじ2〜
塩 … ひとつまみ
シナモンパウダー … 適量

作り方

1 レーズン、あんず、けしの実はそれぞれ湯（分量外）に浸し30分以上置く。

POINT ドライフルーツを浸した湯は香りづけになるので捨てずに取っておき、鍋に加える。

2 鍋に洗った米ともち麦、水を入れる。ときどき混ぜながら弱〜中火でやわらかくなるまで30分ほど煮込む。

POINT 水が足りなくなったら差し水をする。このときドライフルーツの湯を使ってもよい。

3 この間にけしの実の水気をきり、すり鉢ですって香りを立てる。くるみの半量を加えてすり、香りを立てる。あんず、残りのくるみは細かく刻む。

4 米と麦がやわらかくなったら、はちみつで味をつける。3を加え、塩で味をととのえる。

5 30分以上寝かせて器に盛り、シナモンをふる。

＊クリスマスディナーの前菜として食べられる料理だそうです。キンキンに冷やしても味がなじんでおいしいです。

作り方

1 鍋によく洗った米、水、バターを入れる。ふたをせずに中火にかける。

2 沸騰してきたら、鍋底から米粒をはがすように玉じゃくしでゆっくり混ぜる。ふたをずらして弱火で10分煮込む。

3 牛乳、シナモンスティック、レーズンを加えて中火にし、表面がふつふつしてきたら、ごく弱火にして、ふたをずらしてさらに20分煮込む。

4 シナモンスティックは取り出し砂糖、塩で味をととのえる。アーモンドを加え、鍋全体をゆっくり混ぜて火を止める。アーモンドは沈めておく。

5 器に盛り、シナモンパウダーをふり、ジャムをのせ、好みで砂糖、冷たい牛乳をかける。

材料　茶碗2杯分

米 … ½合（約75g）　　レーズン大さじ2
水 … 400mℓ　　　　砂糖
バター … 10g　　　　　 … 大さじ1〜2
牛乳 … 400mℓ　　　　塩 … 大さじ⅓
シナモンスティック　　アーモンド … 1粒
　… 1本
〈トッピング〉
　シナモンパウダー、ジャム … 各適量
　砂糖、冷たい牛乳 … 各適宜

材料　茶碗2杯分

〈鶏だし汁〉
　ローストチキンの骨（鶏ガラ）… 1羽分
　水 … 約1000〜1500mℓ
　長ねぎの青い部分 … 1本分
　しょうがの薄切り … 1かけ分
米 … ½合（約75g）
しょうがのせん切り … 1かけ分
ごま油 … 小さじ1
塩 … 小さじ1
〈トッピング〉
　白髪ねぎ、ラー油、クコの実（水でもどしたもの）… 各適量

作り方

1 鶏だし汁を作る。鍋に鶏だし汁の材料をすべて入れ、ふたをせずに中火で1時間ほど煮込む。さっとアクをすくい取り、ざるでこす。

2 鍋によく洗った米、しょうがのせん切り、ごま油を入れ、全体を絡めるように混ぜる。鶏だし汁800mℓを加えて中火にかける。

3 沸騰してきたら、鍋底から米粒をはがすように玉じゃくしでゆっくり混ぜる。鍋に菜箸を渡し、ふたをして弱火で30分煮込む。

4 さっとアクをすくい取り、塩で味をととのえる。鍋全体をゆっくり混ぜて火を止め、ふたをして5分蒸らす。

5 器に盛り、白髪ねぎ、ラー油、クコの実をトッピングする。

材料　茶碗2杯分

牡蠣（加熱用）
　… 約150g
豆乳（無調整）… 200㎖
米 … ½合（約75g）
水 … 500㎖
塩 … 小さじ1

〈トッピング〉
長ねぎの小口切り、
しょうがのせん切り、
おろしにんじん
　… 各適量

＊濃度の高い豆乳を使用する場合は、牛乳くらいの
とろみになるまで水で割って200㎖にします。

作り方

1　豆乳は冷蔵庫から出し計量し、常温に置く。

2　鍋に洗った米、水を入れてふたをせずに中火にかける。

3　沸騰してきたら、鍋底から米粒をはがすように玉じゃくしでゆっくり混ぜる。鍋に菜箸を渡し、ふたをしてふつふつと波打つ程度の弱〜中火で20分煮込む。

4　この間に牡蠣の下ごしらえをする。牡蠣に塩、片栗粉各少々（分量外）をもみ込み、水で洗ってよく水気を拭く。

5　3に豆乳を加えてゆっくり混ぜ、一度中火にする。表面がふつふつしてきたら、牡蠣を加え、再び菜箸を渡してふたをし、ごく弱火で10分煮る。

6　さっとアクをすくい取り、塩で味をととのえる。鍋全体をゆっくり混ぜて火を止め、ふたをして5分蒸らす。

7　器に盛り、ねぎの小口切り、しょうが、にんじんをトッピングする。

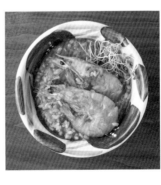

材料　茶碗3〜4杯分

有頭えび … 中4〜6尾
玉ねぎ … ½個
にんにく … 2片
赤パプリカ … ¼個
A　水 … 900㎖
　トマト水煮缶 … 100g
　塩 … 小さじ1

米 … 1合（約150g）
オリーブオイル
　… 大さじ2
〈トッピング〉
スプラウト … 適宜

＊米は洗わないのが
ポイントです。

作り方

1　えびは背わたを取り、ひげをほどよい長さに切る。玉ねぎ、にんにくはみじん切りにする。パプリカは小さく切る。

2　深めのフライパンにオリーブオイルを熱し、えびの表面が赤くなるまでソテーして取り出す。

3　えびの風味がついた油で、にんにく、玉ねぎを炒める。

4　パプリカ、Aを加えて煮る。沸騰したらアクを取り、米を加えてえびを戻す。おかゆが好みのやわらかさになるまで、ときどき混ぜながらふたをせずに中火で20分ほど煮る。

5　ふたをして5分蒸らし、器に盛る。好みでスプラウトをのせる。

話題の天然インスリン　菊芋粥

（材料）　茶碗2杯分

菊いも … 100g
米 … ½合（約75g）
水 … 750mℓ
塩 … 小さじ⅓
〈トッピング〉
｜ 昆布の佃煮、白いりごま … 各適量

（作り方）

1　鍋に洗った米、水を入れる。かたよりがないようにならして、ふたをせずに中〜強火にかける。

2　この間に菊いもの下ごしらえをする。菊いもはよく洗い、一口大に切り、水にさらしておく。

3　沸騰してきたら、鍋底から米粒をはがすように玉じゃくしでゆっくり混ぜる。鍋に菜箸を渡し、ふたをしてふつふつと波打つ程度の弱〜中火で20分煮込む。

4　水気をきった菊いもを加え、再び菜箸を渡してふたをし、さらに10分煮る。

5　さっとアクをすくい取り、塩で味をととのえる。鍋全体をゆっくり混ぜて火を止め、ふたをして5分蒸らす。

6　器に盛り、昆布の佃煮をのせ、ごまをふる。

ご馳走の日々は朝食を引き算　そばの実粥

（材料）　茶碗2杯分

そばの実 … 大さじ2
米 … ½合（約75g）
水 … 750mℓ
塩 … 小さじ½
〈トッピング〉
｜ 粉山椒 … 適量

（作り方）

1　鍋によく洗った米、そばの実、水を入れ、ふたをせずに中〜強火にかける。

2　沸騰してきたら、鍋底から米粒をはがすように玉じゃくしでゆっくり混ぜる。鍋に菜箸を渡し、ふたをしてふつふつと波打つ程度の弱〜中火で30分煮込む。

3　塩で味をととのえる。鍋全体をゆっくり混ぜて火を止め、ふたをして5分蒸らす。

4　器に盛り、粉山椒をふる。

＊お好みのみそ、ねぎみそなどを添えても。

そば湯粥

細く長く！ 長寿を願って

作り方

1 鍋に洗った米、そば湯を入れて、ふたをせずに中火にかける。

2 沸騰してきたら、鍋底から米粒をはがすように玉じゃくしでゆっくり混ぜる。鍋に菜箸を渡し、ふたをして弱火で30分煮込む。

3 さっとアクをすくい取り、塩で味をととのえる。全体を混ぜて火を止め、ふたをして5分蒸らす。

4 器に盛り、好みでゆでそばや海苔、わさびをのせる。そばつゆをかけてもよい。

材料　茶碗2杯分

そば湯 … 800㎖
米 … ½合（約75g）
塩 … ふたつまみ
〈トッピング〉
　ゆでそば、刻み海苔、練りわさび、
　　そばつゆ … 各適宜

COLUMN

じぶん粥有十利

仏教の教えの中で「粥有十利（＝おかゆには十の利点がある）」という言葉があります。小説やドラマで描かれたこともあり、ご存じの方も多いのではないでしょうか。粥有十利に挙げられている10の功徳は、毎朝おかゆを食べる今となっては「わかる、わかる！」と感じるものばかり。知識を現実につなげるのは勉強感があるのに、実感が知識とつながるのは、どうしてこんなに気持ちよいのでしょう！　まずは「じぶん粥有十利」と題して、いまここ、目の前のおかゆに思うこと、おかゆを通して感じたことを言葉にしてみませんか。すぐに言葉にならなくても、感じようとしてみるだけで満点はなまる！　ゆっくりゆっくり、やっていきましょう。

鈴木　かゆ（すずき　かゆ）
お粥研究家。1993年生まれ、東京在住。おかゆワールド.com管理人。
JAPAN MENSA会員。おかゆ好きすぎて24時間おかゆのことを考えて
いる。IT系自営業の傍ら2020年よりおかゆ生活を始める。日本だけ
でなく世界のおかゆに関心を持ち香港、台湾ほか現地でリサーチも重
ね、研究中。「食事で自分をととのえる」をテーマに、毎朝の自分の
体調に合わせたおかゆを作っている。活動の目的は、おかゆのポジテ
ィブなイメージを広げて、やさしい社会をつくること。おかゆブラン
ド開発、店舗プロデュース、レシピ提供、アドバイザーも。

おかゆワールド.com（公式サイト）https://okayuworld.com/
Instagram：@kayu_szk
X（旧Twitter）：@kayu_szk
note：https://note.com/kayu_szk/
（2024年6月現在）

日本、台湾、韓国etc.
ととのうおかゆ365日

2024年 7 月18日　初版発行
2024年 9 月 5 日　再版発行

著者／鈴木　かゆ

発行者／山下　直久

発行／株式会社KADOKAWA
〒102-8177　東京都千代田区富士見2-13-3
電話 0570-002-301(ナビダイヤル)

印刷所／TOPPANクロレ株式会社

製本所／TOPPANクロレ株式会社